MIX
Papier aus verantwortungsvollen Quellen
Paper from responsible sources
FSC® C105338
FSC
www.fsc.org

Jan-Patrick Stärk

Das Leib-Seele-Problem, die Hirnforschung und die exzentrische Positionalität

Diplomica Verlag GmbH

Stärk, Jan-Patrick: Das Leib-Seele-Problem, die Hirnforschung und die exzentrische Positionalität. Hamburg, Diplomica Verlag GmbH 2013

Buch-ISBN: 978-3-8428-6898-4
PDF-eBook-ISBN: 978-3-8428-1898-9
Druck/Herstellung: Diplomica® Verlag GmbH, Hamburg, 2013

Bibliografische Information der Deutschen Nationalbibliothek:
Die Deutsche Nationalbibliothek verzeichnet diese Publikation in der Deutschen Nationalbibliografie; detaillierte bibliografische Daten sind im Internet über http://dnb.d-nb.de abrufbar.

Inhaltsverzeichnis

1 Einleitung 1

1.1 Ausgangssituation und Problemstellung 1

1.2 Zielsetzung und Aufbau 3

1.3 Forschungsfrage 4

2 Das Leib-Seele-Problem 5

2.1 Das Leib-Seele-Problem in der Antike 7

2.2 Das klassische Leib-Seele-Problem 12

2.3 Kritische Würdigung 16

2.4 Das moderne Leib-Seele-Problem 21

2.4.1 Materialismus 23

2.4.1.1 Reduktiver Materialismus 24

2.4.1.1.1 Semantischer Physikalismus 25

2.4.1.1.2 Identitätstheorie 26

2.4.1.2 Nicht-reduktiver Materialismus 28

2.4.1.2.1 Anomaler Monismus 28

2.4.1.2.2 Supervenienz 31

2.4.1.3 Eliminativer Materialismus 32

2.4.1.4 Funktionalismus 34

2.4.1.5 Eigenschaftsdualismus 36

2.4.1.5.1 Emergenz 36

2.4.2 Qualia und Erste-Person-Perspektive 38

2.4.2.1 Wie ist es, eine Fledermaus zu sein? 39

2.4.2.2 Argument des unvollständigen Wissens 40

2.4.2.3 Die explanatorische Lücke 41

2.4.2.4 Das einfache und schwierige Problem des Bewusstseins 42

2.4.3 Kritische Würdigung 43

3 Hirnforschung ... 46
3.1 Singers reduktionistische Emergenz ... 48
3.1.1 Emergenz ... 48
3.1.2 Das Bindungsproblem ... 51
3.1.3 Bewusstsein ... 52
3.1.4 Selbstbewusstsein ... 53
3.1.5 Freie und unfreie Entscheidungen ... 54
3.1.6 Von der Ersten- zur Dritten-Person-Perspektive ... 55
3.2 Gerhard Roth und der menschliche Geist ... 59
3.3 Kritische Würdigung ... 63

4 Plessners Stufen des Organischen und der Mensch ... 67
4.1 Doppelaspekt ... 69
4.2 Grenze ... 72
4.3 Leben ... 73
4.4 Positionalität ... 74
4.5 Dynamische Realisierung des Lebens ... 75
4.6 Statische Realisierung des Lebens ... 76
4.7 Organ und Positionsfeld ... 77
4.8 Zentrische Positionalität ... 79
4.8.1 Offene Organisationsform ... 79
4.8.2 Geschlossene Organisationsform ... 79
4.9 Exzentrische Positionalität ... 81
4.9.1 Außenwelt, Innenwelt, Mitwelt ... 82
4.9.1.1 Außenwelt ... 82
4.9.1.2 Innenwelt ... 83
4.9.1.3 Mitwelt ... 83
4.9.2 Anthropologische Grundgesetze ... 84
4.10 Kritische Würdigung ... 85

5 Zusammenfassung und Beantwortung der Forschungsfrage ... 88

Literaturverzeichnis ... 91
Anhang: Abstract ... 97

Abkürzungsverzeichnis

Art	Artikel
bzgl.	bezüglich
bzw.	beziehungsweise
d. h.	das heißt
Ebd.	Ebendem
f	folgende [Randziffer, Seite, Textziffer]
ff	folgende [Randziffern, Seiten, Textziffern]
Kap.	Kapitel
inkl.	Inklusive
Nr.	Nummer
o.	oder
S.	Seite
s.	siehe
s. o.	siehe oben
u. a.	unter anderem
u.	und
usw.	und so weiter
Vgl.	vergleich
z. B.	zum Beispiel

Abbildungsverzeichnis

Abbildung 1: Funktionalismus

1 Einleitung

1.1 Ausgangssituation und Problemstellung

Der Mensch erfährt sich in seinem alltäglichen Vollzug als Mischwesen. Seiner Intuition zu Folge ist er einerseits körperlich, anderseits aber auch geistig. Wir vermeinen uns in unseren Entscheidungen und Handlungen als freie immaterielle Agenten, die sich des Körpers auf irgendeine Art und Weise bedienen. Dem Körper gegenüber, der zwar unser Seelenleben auch in umgekehrter Richtung zu affizieren vermag, fühlen wir uns daher übergeordnet. Dieses duale Selbstverständnis fußt auf der westlich-christlichen Tradition des Abendlandes, beginnend mit der Seelenlehre von Platon, über die Leibfeindlichkeit des Christentums bis hin zum rationalen Menschenbild der Aufklärung und impliziert eine Zweiteilung des Menschen in einen Leib und eine davon unabhängige Seele. Die prägende kulturelle Dimension wird dadurch bestätigt, dass z. B. im ostasiatischen Raum das Leib-Seele-Problem völlig fremd ist. In der abendländischen Philosophie wird hingegen seit der Antike über das Verhältnis von Leib und Seele intensiv gerätselt. Das Leib-Seele-Problem bzw. Körper-Geist-Problem fragt nach dem ontologischen Status des Geistigen und seiner kausalen Wirksamkeit.[1] Im Laufe der Jahrtausende haben sich etliche Lösungsansätze entwickelt, wobei sich die Kontroverse auf Grund der erheblichen Erklärungsnöte des Dualismus seit geraumer Zeit auf Spielarten innerhalb des Materialismus zuspitzt.[2] Aber auch dem reduktiven als auch dem nicht-reduktiven Materialismus stehen gewichtige Argumente gegenüber, die eine befriedigende Lösung des Leib-Seele-Problems verhindern. Die analytische Identifizierung mentaler Prädikate in der physikalischen Sprache scheitert daran, dass mentale Prädikate nicht zirkelfrei in die physikalische Sprache übersetzbar sind. Die bei der Definition zur Anwendung kommenden Sätze können selbst nicht ohne mentale Ausdrücke formuliert werden. Eine nichtanalytische Identitätsbeziehung zwischen mentalen und neuronalen Eigenschaftstypen setzt ein streng deterministisches Naturgesetz voraus, das empirisch verifizierbar ist. Die Empirie scheitert an der multiplen Realisierung des Mentalen.

---

[1] *Vgl. Thomas Metzinger: Grundkurs Philosophie des Geistes, Band 2: Das Leib-Seele-Problem. Paderborn 2007, S. 11-22*

[2] *Vgl. Gerhard Roth: Worüber dürfen Hirnforscher reden - und in welcher Weise. In: Krüger, Hans-Peter (Hg.): Hirn als Subjekt? Berlin 2007, S. 31*

Durch die nomologische Inkommensurabilität des Mentalen kann keine lückenlose Ursache-Wirkungs-Kette zwischen den beiden Ebenen beschrieben werden und somit sind auch keine psychophysischen Brückengesetze aufstellbar. Daher gilt die Identitätstheorie gemeinhin als falsifiziert.[3] Aber noch viel entscheidender ist, dass es mentale Phänomene gibt, die sich gar nicht reduzieren lassen. Gemeint sind unsere subjektiven Erlebniszustände, die nur aus der Erste-Person-Perspektive zugänglich sind. Denn aus neuronalem Geschehen lässt sich nicht ableiten, wie es sich anfühlt etwas zu erleben. Leider kann auch der nicht-reduktive Materialismus das Leib-Seele-Problem nicht befriedigend lösen. Er fällt entweder in den Reduktionismus zurück oder muss psychophysische Gesetze postulieren, die wie der interaktionistische Dualismus mit der kausalen Geschlossenheit der physikalischen Welt hadern.[4] Die Körper-Geist-Debatte ist längst keine rein philosophische Angelegenheit mehr, sondern ein äußerst fruchtbarer interdisziplinärer Diskurs. Insbesondere beteiligen sich die Neurowissenschaften an der aktuellen Diskussion und versuchen, gestützt durch modernste Technik, dem Leib-Seele-Problem Herr zu werden. Denn der Intuition des Menschen, ein autonomes, frei entscheidendes und handelndes Wesen zu sein, stehen Forschungsergebnisse gegenüber, die dieses Selbstbild nicht nur nicht bestätigen, sondern viel eher widerlegen. Der Geist, wenn er überhaupt existiert, muss evolutionär aus der Natur hervorgegangen sein und unterliegt damit denselben Naturgesetzen, wie der Körper bzw. das Gehirn. Aus neurologischen Beeinträchtigungen lassen sich immer präziser psychische bzw. mentale Dysfunktionen ableiten. Der daraus folgende Determinismus lässt eigentlich keinen Raum für wirklich freie Entscheidungen. Das Paradigma der mentalen Verursachung läuft unter diesen Voraussetzungen Gefahr zu einem Epiphänomen zu verkommen. Für den Menschen, als dem vermeintlich aus sich selbst heraus handelnden Subjekt, dem gefühlten Urheber seiner Vorstellungen und Taten, stellen die neurowissenschaftlichen Forschungsergebnisse einen unangenehmen Tatbestand dar, welcher immense Konsequenzen impliziert. [5] Was der Mensch seinem Wesen nach ist, wie es um seine Freiheit und Schuldfähigkeit bestellt ist, muss möglicherweise neu definiert werden. Aber die Hirn-

---

[3] *Vgl. Ansgar Beckermann: Das Leib-Seele Problem. Paderborn 2008, S. 63; vgl. Metzinger 2007, S. 219*

[4] *Vgl. Jaegwon Kim: Der Mythos vom nicht-reduktionistischen Materialismus. In: Metzinger, Thomas (Hg.): Grundkurs Philosophie des Geistes, Band 2: Das Leib-Seele-Problem. Paderborn 2007, S. 270*

[5] *Vgl. Roth, S. 28-35*

forschung ist noch weit davon entfernt ein lückenlos kausales Erklärungsmodell zu sein. Trotz alledem besteht ein allgemeiner Konsens darin, dass der Geist nicht ohne Realisierung an neuronalen Netzwerken existieren kann. Gesucht ist eine Lösung, die also sowohl unserer physischen Basis, als auch unserer Mentalität gerecht wird, ohne an den Problemen des reduktionistischen Materialismus bzw. des Dualismus zu scheitern. Plessners Stufen des Organischen stellen hierbei eine interessante Alternative dar. Plessner entwickelt hierbei die dem Menschen eigentümliche exzentrische Positionalität aus der lebendigen Natur heraus ohne dabei scheinbar weder in einen reduktiven Materialismus (Biologismus) noch in den Dualismus zu verfallen. Durch die im Leben geeinten Aspekte von Körper, Seele und Geist steht die Leib-Seele-Debatte unter einem ganz anderen Licht und in Folge dessen gilt es zu fragen, ob dies als Ausweg aus dieser Problematik gedeutet werden kann.

1.2 Zielsetzung und Aufbau

Ziel dieses Buches ist es, das Leib-Seele-Problem zu durchleuchten und die Lösungsschwierigkeiten der prominentesten Ansätze herauszufiltern. Danach gilt es zu überprüfen ob sich die hervortretenden Probleme in der exzentrischen Positionalität von Plessner aufheben lassen. Dies könnte in weiterer Folge als Ausweg aus dem Leib-Seele-Problem gedeutet werden. Um dieses Ziel zu erreichen, wird in einem ersten Teil das Körper-Geist-Problem von seinen Wurzeln in der Antike, über die klassische Neuzeit bis in die Gegenwart durchforscht. Hierbei wird jeweils in einer kritischen Würdigung vornehmlich die Lösungsproblematik aufgezeigt. Auf Grund der regen Teilnahme der Hirnforschung am Leib-Seele-Diskurs wird diese in einer zweiten Stufe der Arbeit, unter Bezugnahme auf Wolf Singer und Gerhard Roth, mit einbezogen. Nach einer weiteren kritischen Hinterfragung wird im dritten Teil der Arbeit die exzentrische Positionalität Helmuth Plessners aus ihren Grundstrukturen heraus erarbeitet. In einer finalen Gegenüberstellung der erarbeiteten Lösungsschwierigkeiten des Leib-Seele-Problems und dem Plessnerschen Gedankengang, wird überprüft inwiefern Zweiteres als Ausweg aus der Leib-Seele-Problematik gedeutet werden kann und somit die Forschungsfrage beantwortet.

1.3 Forschungsfrage

An was scheitern traditionelle und moderne Lösungsversuche des Leib-Seele-Problems und inwiefern kann Plessners Bestimmung des Menschen als exzentrisch positioniertes Lebewesen als Ausweg gedeutet werden?

2 Das Leib-Seele-Problem

Das Verhältnis zwischen Leib und Seele zählt schon seit Anbeginn der Philosophie zu einer ihrer Grundfragestellungen[6] und macht das ontologische Kernproblem der Philosophie des Geistes aus. Knackpunkt des Leib-Seele-Problems ist die Frage nach dem ontologischen Status des Seelischen, Geistigen bzw. Mentalen und seinem kausalen Verhältnis zum Körperlichen. Die Brisanz des Diskurses besteht aus der alltäglichen Intuition, dass neben allen physischen Dingen, die uns in der Welt begegnen, auch u. a. Vorstellungen, Gefühle und Gedanken existieren und wir diese mentalen Zustände als immateriell, dennoch als ebenso real empfinden.[7] Aber inwieweit können geistige Phänomene reale eigenständige Entitäten oder Eigenschaften sein, wenn sie sich doch jeder objektiven Beobachtung entziehen? Wie ist ihre kausale Rolle bzw. ihre Beziehung zum Körperlichen in einer völlig von Naturgesetzen determinierten Welt zu denken? Haben mentale Eigenschaften, wie Intentionalität oder Qualia, eindeutig zuordenbare körperliche bzw. neuronale Korrelate und sind somit gänzlich auf diese zurückführbar, welches uns die reduktionistischen Materialisten nahe legen wollen? Kann man konsequenter Weise, unter Bezugnahme dieser Voraussetzungen, überhaupt noch von einem freien Willen beim Menschen sprechen? Auf der anderen Seite ist aber auch noch völlig offen wie und warum der Körper bzw. das Gehirn überhaupt Mentalität hervorbringt? Oder ist Mentalität letztendlich sogar nur eine Illusion?[8] Besonders übersichtlich lässt sich das Leib-Seele-Problem anhand des Bieri-Trilemmas (2007, S. 5) veranschaulichen, welches aus 3 Thesen besteht, bei denen jeweils zwei dieser Thesen die Unmöglichkeit der Dritten impliziert:

1. Mentale Phänomene sind nicht-physische Phänomene.
2. Mentale Phänomene sind im Bereich physischer Phänomene kausal wirksam.
3. Der Bereich physischer Phänomene ist kausal geschlossen.

---

[6] *Vgl. Beckermann 2008, S. 7*

[7] *Vgl. Wolf Singer: Selbsterfahrung und neurobiologische Fremdbeschreibung. In: Krüger, Hans-Peter (Hg.): Hirn als Subjekt. Berlin 2007, S. 41*

[8] *Vgl. Metzinger 2007, S. 11-17*

Nimmt man nun an, dass die Sätze 1 und 2 wahr sind, muss folgerichtig Satz 3 falsch sein, da der physikalische Bereich eben genau dann nicht kausal geschlossen ist. Wären die Thesen 1 und 3 wahr, wäre Mentalität ein ontologisch eigenständiger Bereich, der seinerseits keinerlei kausale Rolle auf das Physische ausüben kann und somit These 2 falsch. Für den Fall, dass die Thesen 2 und 3 wahr sind, müssen mentale Phänomene ihrerseits auch physische Phänomene sein und Satz 1 wird falsifiziert.[9]

Dies ist nur ein kleiner Ausschnitt an Frage- und Problemstellungen, die das Leib-Seele-Problem mit sich bringt und zeigt welche Aktualität in ihm steckt. Nicht umsonst bezeichnete Schopenhauer das Leib-Seele-Problem als den Weltknoten.[10] Im Laufe der Zeit haben sich etliche Lösungsansätze entwickelt und die Debatte hat sich zu einem interdisziplinären Diskurs entwickelt, wobei der Materialismus in den Mittelpunkt des Geschehens gerückt ist.[11] Scheinbar ist aber noch keiner der Lösungsvorschläge überzeugend genug gewesen, da das Körper-Geist-Problem weiterhin als ungelöst gilt.

Das Leib-Seele-Problem steht neben seinem historischen Kontext auch immer in einem alltagsweltlichen und kulturellen Zusammenhang. Von der platonischen Seelenlehre, über die Abwertung des Leibes in der christlichen Tradition hin zum rationalen Menschenbild der Aufklärung hat sich in Kombination mit der alltagspsychologischen Sprechweise ein tiefes Vorverständnis entwickelt, dass uns sowohl im subjektiven phänomenalen Erleben, als auch in unserem Denken über Leib und Seele beeinflusst. Metzinger drittelt deshalb das Körper-Geist-Problem in eine lebensweltlich-kulturelle, eine phänomenale und eine historische Dimension. Die historische Dimension lässt eine zeitliche Unterteilung der Leib-Seele-Debatte in einen neuzeitlich klassischen und einen modernen Kontext zu. Die Formulierung des neuzeitlichen Ansatzes des Leib-Seele-Problems geht auf René Descartes zurück und die daran ansetzende Debatte reicht bis zum Zweiten Weltkrieg. Erst nach Ende des Krieges

---

[9] *Vgl. Peter Bieri: Generelle Einführung. In: Bieri, Peter (Hg.): Analytische Philosophie des Geistes. Weinheim 2007, S. 5*

[10] *Vgl. Arthur Schopenhauer: Kleinere Schriften. In: Brahn, Max (Hg.):Schopenhauers Werke. Leipzig 1920, S. 163*

[11] *Vgl. Metzinger 2007, S. 14 f*

setzt die "neuere" Diskussion ein.[12] Da die Wurzel des Problems aber schon in der Antike erkannt und thematisiert wurde, werden im Folgenden die wichtigsten Positionen besprochen. Dies ist deshalb wichtig, da sie den Grundstock fast aller späteren Ansätze bilden.

Wie man bereits gesehen hat, verwendet ich den Ausdruck „Leib-Seele-Problem" synonym mit dem Ausdruck „Körper-Geist-Problem". Dies ist nicht ganz unproblematisch. Beckermann weist darauf hin, dass Ersterer zu Missverständnissen führen könnte, da die Begriffe Leib und Seele alltagssprachlich und philosophisch stark vorgeprägt sind. Die Seele stehe meistens für Phänomene wie Intuition oder Gefühl, aber nicht für rationales Denken oder Handeln. Beckermann merkt zwar an, dass auch der Begriff Geist nicht den beiden Komponenten gerecht wird, aber auf Grund seiner Nähe zum englischen Wort „mind" vorzuziehen ist.[13] Mir ist der enorm wichtige Begriffsunterschied zwischen Seele und Geist durchaus bewusst und ihm wird auch in den jeweiligen Positionen Rechnung getragen. Da aber beide Ausdrücke für ein Problem stehen, nämlich dem psychophysischen Verhältnis, in welcher Form auch immer, wird an der Synonymität festgehalten. Dasselbe gilt für die Begriffe Materialismus und Physikalismus.

2.1 Das Leib-Seele-Problem in der Antike

Den Ursprung des Leib-Seele-Problems datiert man in die Antike, als man sich von der mythologischen Deutung der Welt zu den ersten philosophisch-naturwissenschaftlichen Erklärungsversuchen durchgerungen hatte. Die Gedanken bezüglich Leib und Seele leiten sich aus relativ rudimentären Beobachtungen über die Welt und die physischen Gegenstände, die in ihr vorkommen, ab. Auf der einen Seite gibt es Dinge, wie z. B. Berge, Stühle und Häuser, auf der anderen Seite Dinge, wie die Pflanze, das Tier und den Menschen, die sich hinsichtlich ihres Verhaltens und ihrer Eigenschaften doch stark von Ersteren unterscheiden. Die ausschlaggebende Diffe-

---

[12] *Vgl. Metzinger 2007, S. 15-21*

[13] *Vgl. Ansgar Beckermann: Das Leib-Seele-Problem. In: Sandkühler H.J. (Hg.): Enzyklopädie der Philosophie, Band 1. Hamburg 1999, S. 766-774*

renz dafür identifiziert die Antike in der "Lebendigkeit". Der Begriff „psyche" stand für etwas Belebtes bzw. Lebendiges, welches das Abgrenzungsmerkmal zu allem Toten darstellt und allgemein mit Seele übersetzt wird. Das bedeutet, dass alles was lebt notwendig eine Seele hat und sich genau darin von leblosen und daher unbeseelten Dingen unterscheidet. Die Seele steht somit eindeutig für Leben und ein Leben ohne Seele ist undenkbar. Die Seele ist demnach dasjenige, welches Leben erst hervorruft. Bei den meisten Vorsokratikern wird die Seele zwar mit einem Element, wie etwa Feuer, Wasser oder Luft gleichgesetzt, aber auch hier ist die Verbindung zum Begriff des Lebens unverkennbar.[14] So verstand Thales seine „arche" Wasser als das Prinzip des Lebens, als allen Dingen innenwohnende Seele.[15]

Nun ergibt sich zwangsläufig die erste Gretchenfrage des Leib-Seele-Problems. Was genau ist diese Leben ermöglichende Seele? Ist sie ein stoffliches, materielles Etwas, oder ein unkörperliches, immaterielles Ding, oder gar überhaupt kein Ding? Für die Vorsokratiker schien die Seele etwas Stoffliches bzw. etwas Materielles zu sein. Dies würde sie zu den ersten Materialisten der Philosophiegeschichte machen, welches nicht der einheitlichen Meinung der einschlägigen Literatur entspricht, da der vermeintliche Urstoff bei manchen ihrer Vertreter mit einem alles durchwaltenden Gott gleichgesetzt wurde.[16] Hingegen beantworteten die antiken Atomisten die Frage nach der Natur der Seele eindeutig materialistisch. Die Seele, die Wahrnehmung und das Denken bestehen aus Materie, nämlich aus Atomen, genauso wie der Rest der uns begegnenden Dinge.[17] Demnach hält Lukrez Seele und Geist (Verstand) für einen physischen Bestandteil des menschlichen Körpers, so wie es Hand und Fuß sind. Der Geist bewegt die Seele und die Seele wiederum den Körper. Aber da nur das bewegen kann, was sich auch berührt, muss sowohl der Geist als auch die Seele physischer Natur sein wie der Körper. Beim Tod entweichen die äußerst leichten Geist- bzw. Seelenatome, welches den antiken Gedanken der Gleichsetzung von

---

[14] *Vgl. Beckermann 2008, S. 1 f*

[15] *Vgl. Luciano De Crescenzo: Geschichte der griechischen Philosophie, Die Vorsokratiker. Zürich 1985, S. 37*

[16] *Vgl. Friedo Ricken: Philosophie. In: Nesselrath, Heinz-Günther (Hg.): Einleitung in die griechische Philologie. Leipzig 1997, S. 508*

[17] *Vgl. De Crescenzo 1985, S. 199*

Leben mit Seele bestätigt.[18] Die Sinnesempfindungen kommen nach Demokrit durch die ausströmenden Atome der Objekte zustande. Diese prallen auf unsere Sinnesatome und diese stoßen wiederum die Atome des Geistes an.[19] Festzuhalten ist, dass die Seele existiert und zwar in einer feststofflichen Form.

Auch für Platon ist die Seele das Lebensprinzip, jedoch kein physisches Ding. Sie ist vielmehr ein selbstständiges, immaterielles dem Körper gegenüber komplett andersartiges Wesen und macht die wahre Natur des Menschen aus. Im Dialog Alkibiades stellt Platon nämlich fest, dass der Mensch „entweder Seele oder Körper oder beides zusammen als vereinigtes Ganzes" (Platon Alkibiades I; zitiert nach Schleiermacher 129-131) sein muss. Seine Überlegungen führen ihn zum Ergebnis, dass „ weder der Leib noch das Beiderlei der Mensch ist: so bleibt nur übrig entweder nichts ist er, oder wenn etwas, so kann nichts anderes der Mensch sein als die Seele" (Platon Alkibiades I; zitiert nach Schleiermacher 129-131). Darüber hinaus ist Platon der Auffassung, dass die Seele und somit der Mensch bei Eintreten des körperlichen Todes nicht mit untergeht, sondern unsterblich bis in alle Ewigkeit fort besteht.[20] Damit vertritt Platon einen klaren Substanzdualismus, da er der Seele nicht bloß Existenz zuspricht, sondern sie auch als wesensverschieden vom Körper konstatiert. Nur zu irdischen Lebzeiten besteht eine irgendwie geartete Verbindung der zwei Substanzen miteinander. Der Körper wird bei Platon dem empirischen, sinnlichen Bereich zugeordnet und als Erkenntnisquelle der Wahrheit ausgeschlossen. Da uns z. B. in der Natur niemals zwei gleiche Dinge begegnen, wir also den Begriff der Gleichheit nicht aus ihr entnehmen können, müssen derartige Begriffe bereits von jeher gegeben sein und zwar in einer eigenständigen, unveränderlichen und ewigen Welt. Der intelligiblen Welt, der Welt der Ideen. Die Seele ist auf Grund ihrer Verwandtschaft mit dem intelligiblen Seinsbereich ebenso unveränderlich und damit unsterblich.[21] Platons Mensch, der identisch mit seiner Seele ist, kennt keinen dynamischen Entwicklungsprozess. Er ist unentstanden und unvergänglich. Nur sein Körper ist dem Werden unterworfen. Der physischen Welt kommt somit eine sehr untergeordnete Rolle

---

[18] *Vgl. Lukrez: de rerum natura. Übersetzt und herausgegeben von Diels, Hermann. Düsseldorf/Zürich 1993, Buch III Vers 94-167*

[19] *Vgl. De Crescenzo 1985, S. 199*

[20] *Vgl. Platon: Phaidon. In Ebert, Theodor (Hg.): Platon Werke. Göttingen 2004, 105c9-105d5 und 115c2-115e4*

[21] *Vgl. Beckermann 2008, S. 11-30*

zu, sie ist sogar nur ein Abbild der einzigen wirklichen Welt, der Welt der Ideen, des ewigen unbewegten Seins.[22] Platons Überlegungen führen letztlich dazu, dass der Leib zum Grab der Seele verkommt.[23]

Platons ideeller Leib-Seele-Dualismus wird in weiterer Folge das Christentum und das ganze Abendland immens beeinflussen. Sein Menschenbild steht im krassen Gegensatz zu dem der Atomisten und dem der Sophisten. Denn Protagoras zu Folge ist der Mensch das Maß aller Dinge und zwar der Mensch in seiner Subjektivität in Bezug auf die Welt.[24] Besonders das materialistische Menschenbild der Atomisten soll erst viel später an Bedeutung gewinnen.

Aristoteles geht auch von der Verbindung von Leben mit Seele aus. Nur ist die Seele kein Ding, sondern ein Aktivitätsprinzip, ein Prinzip der Bewegung bzw. der Veränderung. Eine Bewegung aus sich selbst heraus im Sinne von Selbstorganisation, die aber nur beim Lebendigen, dem Organischen vorkommt. Anorganisches, Unbelebtes, also Unbeseeltes, kann hingegen nur von außen bewegt werden. Die Seele ist demnach das Prinzip der Selbstbewegung aller Lebewesen, die somit ihre Form, Wirk- und Zweckursache in sich tragen und sich selbst eigenaktiv hervorbringen.[25]
In der Schrift de anima konkretisiert Aristoteles das Wesen der Seele als eine weder physische noch immaterielle Entität. Sie ist vielmehr die Form (morphe) eines Körpers, der potentiell Leben hat. Genauso wie für Platon existiert jedes einzelne Ding, so auch der Mensch, als Zusammengesetztes aus einem Stoff (hyle), der Materie, und einer Form. Der Stoff, z. B. Holz, ist Potentialität, der erst durch die Form zu z. B. einem Tisch wird. Somit kommt nur der Form Wirklichkeit zu. Das aus ihnen Zusam-

---

[22] *Vgl. Platon: Politeia. Übersetzt von Schleiermacher, Friedrich. In: Wolf, Ursula (Hg.): Platon. Sämtliche Werke, Band 2. Hamburg 2008, 7. Buch S. 248-288*

[23] *Vgl. Platon: Gorgias. Übersetzt von Schleiermacher, Friedrich. In: Wolf Ursula (Hg): Platon. Sämtliche Werke, Band 1. Hamburg 2009, 493a.*

[24] *Vgl. Platon: Theaitetos. Übersetzt von Schleiermacher, Friedrich. In: Wolf, Ursula (Hg.): Platon. Sämtliche Werke, Band 3. Hamburg 2010, 152a.*

[25] *Vgl. Aristoteles: Physik. In: Zekl, Hans Günther (Hg.): Aristoteles´ Physik. Vorlesung über Natur 1. Buch II Kapitel 1-3. Hamburg 1987; Vgl. Aristoteles: Physik. In: Zekl, Hans Günther (Hg.): Aristoteles´ Physik. Vorlesung über Natur 2. Buch VII und VIII. Hamburg 1988; Vgl. https://skriptenforum.net/wiki/Skriptum:Einf%C3%BChrung_in_die_theoretische_Philosophie_%28Rhemann_Josef%29 (Stand 07.03.2010)*

mengesetzte, der hölzerne Tisch, macht das konkrete sinnliche Ding aus. Die Seele als bewegendes Formprinzip kann nicht ohne den Körper, als stoffliche zu bewegende Möglichkeit, bestehen.[26] Sowohl Stoff und Form, als auch das aus ihnen Zusammengesetzte kann nach Aristoteles als Substanz (ousia) bezeichnet werden. Da aber auch die Seele Substanz ist, fragt sich nur in welcher Ausprägung?

„Es sind in erster Linie die Körper, die für Substanzen gehalten werden, und unter Ihnen besonders die natürlichen Körper, da sie die Basis der anderen sind. Unter den natürlichen Körper besitzen einige Leben, andere dagegen nicht. Mit „Leben" meinen wir Ernährung durch sich selbst und Wachstum (und entsprechenden Verfall). Also muss jeder natürliche Körper, der Leben hat, eine Substanz sein, und zwar Substanz als Zusammengesetztes [...]. Aber weil er auch ein Körper einer bestimmten Art ist – nämlich einer, der Leben hat-, kann der Körper nicht schon selbst Seele [d. h. Leben] sein, denn der Körper wird nicht einem Subjekt zugeschrieben, sondern viel eher dient er selbst als Subjekt und Stoff [...]. Die Seele muss also Substanz sein, und zwar als *die Form eines natürlichen Körpers, der potentiell Leben hat."* (Aristoteles, De anima II.1.412a11 zitiert nach Ackrill 105 f)

Der Mensch als Lebewesen ist dem zu Folge Substanz als Zusammengesetztes und nicht die Seele selbst, wie es Platon verstand. Denn der Mensch hat Leben und er lebt nur deshalb, weil er beseelt ist. Darum kann die Seele nur Substanz im Sinne der Form, nämlich als erster Entelechie des Lebewesens sein, da sie Leben überhaupt erst ermöglicht und bestimmte Fähigkeiten mit sich bringt. Aristoteles differenziert zwischen drei Typen von Seele mit unterschiedlichen Vermögen. Die vegetative Seele der Pflanzen ermöglicht die Ernährung, das Wachstum und die Vermehrung. Die animalische Seele der Tiere verfügt zusätzlich zu den Fähigkeiten der Pflanzenseele noch über Wahrnehmung und die selbständige Fortbewegung. Dem Menschen schließlich kommt zu alldem das Denkvermögen dank der Vernunft- bzw. Geistseele (nous) hinzu. Die Geistseele steht für das humanspezifische Merkmal des kognitiven Form- bzw. Aktivitätsprinzips. Durch den nous wird der individuelle Mensch zu einem mit Sprache und Denken begabten Naturwesen (zoon logon echon). Zur Entwicklung

---

[26] *Vgl. Aristoteles: De anima. In: Ackrill, John Lloyd: Aristoteles. Berlin 1985, II.1.412a11, S. 105*

seiner Fähigkeiten benötigt das Individuum aber eine Gesellschaft, in der seine Individualität erst ermöglicht wird (zoon politikon). Aus den Überlegungen des Aristoteles lässt sich klar ableiten, dass die Seele weder ein physischer Teil des Körpers ist, noch dass sie eine immaterielle Entität ist, die ohne den Leib bestehen könnte. Damit ist ein Leben nach dem Tod undenkbar und der Mensch vergänglich. Lediglich der nous poietikos selbst ist unvergänglich.[27]

Das Leib-Seele-Problem bekommt durch Aristoteles eine andere Dimension, da er offensichtlich keine substanzdualistische oder monistische Position bezieht. Denn weder wird dem Seelischen ein selbständiger Seinsbereich zugesprochen, noch wird die Seele auf die Materie reduziert. Die Seele macht den Unterscheid des Lebendigen von dem Toten aus, indem es gewisse Fähigkeiten ermöglicht und zwar nicht auf mechanisch, physische Weise. Die dem Menschen höchst eigenen mentalen Eigenschaften müssen also nicht zwangsweise auf die Materie oder auf eine immaterielle Seele zurückgeführt werden.

2.2 Das klassische Leib-Seele-Problem

Im Unterschied zum antiken Leib-Seele-Problem wird die Grenze in der Neuzeit nicht mehr zwischen belebter und unbelebter Natur, sondern ausschließlich zwischen Lebewesen mit oder ohne Seele gezogen.[28] Wie schon zu Beginn ausgeführt, ist der klassische neuzeitliche Ansatz des Leib-Seele-Problems auf René Descartes, den Begründer des modernen Rationalismus, zurückzuführen. Sein philosophisches Denken steht zum einen im Zeichen einer radikalen Abkehr von der theologisch getränkten Philosophie des Mittelalters (cartesische Zäsur) und zum anderen in einem Bruch mit der antiken Verbindung von Seele mit Leben. Die rasch anwachsenden naturwissenschaftlichen Errungenschaften seiner Zeit waren für ihn unvereinbar mit der aristotelisch-scholastischen Philosophie. Ihm schwebte ein neues, auf dem Primat der Vernunft bestehendes, dem axiomatischen Gebäude der Mathematik äh-

---

27 *Vgl.https://skriptenforum.net/wiki/Skriptum:Einf%C3%BChrung_in_die_theoretische_Philosophie_%28Rhemann_Josef%29 (Stand 07.3.2010); vgl. Beckermann 2008, S. 13-20*

28 *Vgl. Beckermann 2008, S. 8*

nelndes, philosophisches Konzept vor.[29] Insbesondere lehnte er die Vorstellung ab, dass die Seele die Ursache aller körperlichen Aktivitäten und Prozesse sei. Er war der Auffassung, alle leiblichen Geschehnisse seien ebenso mechanisch erklärbar, wie es die ganze unbelebte Natur ist. Damit ist die antike Gegenüberstellung von belebt und unbelebt, also beseelt und unbeseelt hinfällig. D. h. die Vermögen der Pflanzen- und der Tierseele eines Lebewesens (s. o.) beruhen auf mechanischen Vorgängen, die sich allein aus dem geeigneten Zusammenspiel der körperlichen Teile ableiten lassen. Die Differenz zwischen einem lebenden und einem toten Menschenkörper entspricht der, zwischen einer funktionstüchtigen und einer kaputten Maschine. Um wenigstens die Existenz der menschlichen Seele aufrecht zu erhalten, setzt er sie mit dem Denken gleich. Über seinen methodischen Zweifel gelangt er zur res cogitans, der denkenden Substanz, die absolut wesensverschieden und ontologisch unabhängig vom Körper, der ausgedehnten Substanz (res extensa), existiert. Wie schon einst Platon bezieht Descartes eine dualistische Position in Bezug auf das Leib-Seele-Problem. Auch er konstatiert eine immaterielle Seele, dank der der Mensch unsterblich ist und die die wahre Natur des Menschen ausmacht.[30] Den Ort der kausalen Interaktion zwischen den zwei wesensverschiedenen Substanzen lokalisiert er in der Zirbeldrüse.[31]

Metzinger sieht die Attraktivität des cartesischen Substanzdualismus in seiner intuitiven Authentizität verwurzelt. Wir erleben uns in unserem bewussten Selbstmodell einerseits als Körper im Raum und anderseits als denkende Wesen frei von räumlichen Strukturen. Geistige Aktivität wird nur als phänomenales Nacheinander, und nicht auch als ein Nebeneinander, wie es beim Räumlich-Körperlichen der Fall ist, erfahren. Deswegen können wir uns auch die Ursache-Wirkungs-Beziehung zwischen Leib und Seele schwer vorstellen. Hinzu kommt, dass die Kausalität zwischen den beiden in unserem subjektiven Erleben nicht isolierbar ist.[32]

---

[29] *Vgl. Frank Schweizer: René Descartes. Wiesbaden 2006, S. 25 ff*

[30] *Vgl. Beckermann 2008, S. 17 ff*

[31] *Vgl. René Descartes: Die Leidenschaften der Seele. Herausgegeben und übersetzt von Hammacher, Klaus. Hamburg 1984, Art. 31+32*

[32] *Vgl. Metzinger 2007, S. 16-22*

Der cartesische interaktionistische Dualismus hat trotz seiner phänomenologischen Plausibilität mit vielen Einwänden, vornehmlich die Interaktion zwischen Leib und Seele betreffend, zu kämpfen, die in der kritischen Würdigung behandelt werden. Allerdings erkannten schon einige seiner Zeitgenossen die Schwachstellen und formulierten Auswege. Spinoza führte die wesensverschiedenen Substanzen des Descartes, die rex exstensa und die res cogitans, auf eine einzige Wirklichkeit zurück. Diese einzig wahrhaftige Substanz ist Gott bzw. die Natur, Leib und Seele nur Attribute ein und desselben. Spinozas Position kann als monistischer Pantheismus bezeichnet werden. Die Lösung von Leibniz bezüglich der Kausalität zwischen Leib und Seele lag in der Umgehung der Interaktion, indem er die kausale Unabhängigkeit zwischen Körper und Geist unterstellte.[33] Körperliche und mentale Ereignisse laufen wie zwei absolut synchronisierte Uhren parallel ab, ohne sich dafür in irgendeiner Weise beeinflussen zu müssen. Die Harmonie zwischen Leib und Seele ist prästabiliert und verantwortlich dafür ist Gott.[34] Leibniz ist, wie schon einst Platon, ein Vertreter des dualistischen Idealismus, da er die immateriellen Monaden als das einzig wahrhaft Wirkliche bezeichnete. Hieran kann man schön sehen, dass der Idealismus nicht zwangsläufig in einen Monismus führen muss. Bei Positionen wie der von Berkeley ist das aber klar der Fall. Der physischen Welt kommt außerhalb des Geistes keine Existenz zu, das Sein der Dinge liegt im Wahrnehmen oder im Wahrgenommen werden.[35] Malebranche und Geulincx waren Dualisten wie Leibniz, nur glaubten sie nicht an eine vorher feststehende Harmonie. Vielmehr greift Gott selbst ständig gezielt in die körperlichen und seelischen Ereignisse ein. Hat ein Mensch z. B. den geistigen Wunsch etwas zu trinken, veranlasst Gott den Körper zu den dafür notwendigen Bewegungen. Der Parallelismus von Leibniz und der Okkasionalismus von Malebranche und Geulincx zählen zu den nicht interaktionistischen Dualismen, die in der Philosophiegeschichte auf Grund ihrer theologischen Basis kaum Anerkennung als potentielle Lösungen des Leib-Seele-Problems fanden.[36]

---

[33] *Vgl. Beckermann 2008, S. 39*

[34] *Vgl. Emerich Coreth / Harald Schöndorf: Grundkurs Philosophie Band 8; Philosophie des 17. Und 18. Jahrhunderts. Stuttgart 2008, S. 140*

[35] *Vgl. George Berkeley: Treatise Concerning the Principles of Human Knowlege 1710, § 3-8*

[36] *Vgl. Ansgar Beckermann: Analytische Einführung in die Philosophie des Geistes. Berlin/New York 2000, S. 44 ff*

Ein wesentlich bedeutender Ansatz zur Lösung des Leib-Seele-Problems stammt von Huxley. Sein Epiphänomenalismus überwindet das Kausalitätsproblem der interaktionistischen Dualismen, obwohl weiterhin an zwei Seinsbereichen festgehalten wird. Mentale Ereignisse existieren zwar, sind aber kausal abhängig von Vorgängen im Gehirn. Da sie ihrerseits keinerlei kausale Wirkung auf das Physische besitzen, haben sie auch keinen Einfluss auf unser Verhalten. Das Verhalten des Menschen ist daher indifferent gegenüber seinen mentalen bzw. bewussten Zuständen. Mentalität verkommt zu einer Begleiterscheinung unserer neuronalen Aktivität. Der Epiphänomenalismus scheint eine elegante Lösung für das Interaktionsproblem zwischen Leib und Seele zu sein. Zudem hat sie durch eine Reihe empirischer Studien von u. a. Benjamin Libet in der aktuellen Debatte prominente Anhänger.[37] Vertritt man einen konsequenten Epiphänomenalismus, muss man aber eingestehen, dass alles was in der Menschheitsgeschichte abgelaufen ist, nicht durch bewusste Entscheidungen, Willensakte oder sonstige mentale Erlebnisse verursacht wurde. Alles wäre genau auf die gleiche Art und Weise geschehen, so als hätte es nie ein Bewusstsein gegeben.[38] Die Kontraintuivität dieser Position impliziert aber noch nicht ihre Falschheit. Zumindest scheint sie mit dem Prinzip der kausalen Geschlossenheit der physikalischen Welt vereinbar. Anderseits müssen psychophysische Gesetze angenommen werden, die sprichwörtlich „in der Luft hängen", um die Wirkung des Physikalischen auf das Mentale zu erklären.[39]

Zeitlich gesehen kann man die Emergenzdebatte Anfang des 20. Jahrhunderts noch zum klassischen Leib-Seele-Problem zählen. Da die Emergenztheorie aber enorme Popularität in der modernen Debatte genießt, wird sie an späterer Stelle in dieser Arbeit behandelt (s. Kap. 2.4.1.5.1).

---

[37] *Vgl. Beckermann 2008, S. 41 f*

[38] *Vgl. Bieri 2007, S. 7 f*

[39] *Vgl. Metzinger 2007, S. 323 f*

2.3 Kritische Würdigung

In der Antike suchte man nach den ersten Prinzipien allen Seins und zog eine Grenze zwischen belebten und unbelebten Dingen. Die Trennung von Körperlichem und Seelischem vollzieht sich nicht nur innerhalb des Menschen, sondern auch in der gesamten Natur. Zur Erklärung der Andersartigkeit des Lebendigen diente die Seele als das Lebensprinzip. Viele der vorsokratischen Naturphilosophen nahmen dabei einen alles durchwaltenden Urstoff an, der mit Gott gleichgesetzt wurde. Im Gegensatz zu dieser metaphysischen bzw. pantheistischen Kosmologie, bezogen Demokrit und die antiken Atomisten einen materialistischen Standpunkt, der auch die Seele als physischen Bestandteil der Welt verstand. Die These „Seele als atomaren Baustein des Lebendigen zu bestimmen" kommt ohne metaphysische Annahmen aus und zeichnet sich daher durch Parsimonie aus. Die entscheidende Frage ist, warum überhaupt noch an einer Seele in Form von Seelenatomen, als eigenen Baustein der Wirklichkeit, festgehalten wurde. Scheinbar konnten sich die antiken Atomisten das Phänomen Leben mit all seinen seelischen bzw. geistigen Eigenschaften und Besonderheiten nicht allein aus der sonstigen Materie erklärbar machen. Auch wenn die Begründung mit den Seelenatomen klarerweise aus heutiger Sicht unsinnig ist, zumindest hat man noch keine gefunden, ist ein derartiger streng monistisch-materialistischer Ansatz (Substanzphysikalismus) äußerst aktuell.

Dem monistisch-materialistischen Menschen- bzw. Weltbild der Atomisten setzt Platon seinen idealistischen Substanzdualismus gegenüber. Wirklichkeit kommt hierbei eigentlich nur der ideellen immateriellen Welt zu, an der der Mensch, dank Gleichsetzung mit der unsterblichen Seele, teil hat. Der Körper ist nur das vorübergehende Gefängnis des Menschen und genauso vergänglich wie der Rest der materiellen Welt. Wie die Interaktion zwischen Leib und Seele während des Lebens funktioniert, lässt Platon unbeantwortet. Descartes übernimmt die strikte Trennung von Leib und Seele, beendet aber die antike Gleichsetzung von Seele mit Leben. Der Körper des Menschen ist ebenso mechanisch erklärbar wie die gesamte unbelebte Natur. Die Interaktion von Leib und Seele ortet er in der Zirbeldrüse. Hier stellt sich doch die Frage, warum der Geist nur auf bestimmte Bereiche des Körpers, nämlich auf das Gehirn, kausal wirksam sein kann? Warum lässt sich das Einwirken des Geistes auf das Gehirn nicht empirisch messen?[40] Die modernsten bildgebenden Verfahren haben weder einen derartigen Ort ausfindig machen können, noch wurde ein Konvergenzzentrum an der Spitze der Verarbeitungsprozesse gefunden, da das Gehirn nicht zentral, sondern distributiv organisiert zu sein scheint.[41] Fraglich ist ferner, wie eine Interaktion zwischen zwei komplett verschiedenen, ja sogar sich vollständig ausschließenden Substanzen zu denken ist? McGinn (1982, S. 25 zitiert nach Beckermann 2008, S. 48) formuliert das folgendermaßen:

„Allgemein fassen wir kausale Interaktion als etwas auf, das vermittels eines Mechanismus vor sich geht, und zwar so, daß Ursachen und Wirkungen in einer nachvollziehbaren Verbindung zueinander stehen. Doch diese nachvollziehbare Verbindung ist genau das, was der dualistischen Theorie der Interaktion von Körper und Geist zufolge fehlt."

Der dualistische Interaktionist geht davon aus, dass der Körper mittels der Sinne den Geist mit Wahrnehmungsinhalten speist und die Bewegungen vollzieht, die der Geist ihm anordnet. Alles zwischen sensorischem Input und motorischem Output ist Sache des Geistes. Nun ist es aber so, dass eigentlich das Gehirn großteils mit genau dieser Vermittlung beschäftigt ist. Verliert der Geist damit nicht seine Existenzberechtigung? Außerdem erklärt der Leib-Seele-Dualismus nicht, warum mein Geist nur kausal auf meinen Körper wirken kann, und nicht auf irgendeinen anderen Körper? Ein weiterer besonders gravierender Einwand kommt aus der Physik. Eine Interaktion zwischen den zwei Substanzen würde nämlich das gut bestätigte Gesetz der Energieerhaltung bzw. die kausale Geschlossenheit der physischen Welt verletzen.[42] Das liegt daran, dass jede Wechselwirkung im Bereich des Physikalischen auf einem Energieaustausch beruht. Will nun die immaterielle Seele etwas im Gehirn verursachen, muss sie selbst Energie besitzen. Besitzt sie Energie, ist sie nicht immateriell und unterliegt den gleichen Naturgesetzen wie das Physische.[43]

---

[40] *Vgl. Beckermann 2008, S. 43-49*

[41] *Vgl. Wolf Singer: Wann und warum erscheinen uns Entscheidungen als frei? In: Krüger, Hans-Peter (Hg.): Hirn als Subjekt. Berlin 2007, S. 187*

[42] *Vgl. Beckermann 2008, S. 43-49*

[43] *Vgl. Singer 2007, S. 44*

Diese Fragen und Einwände stellen für den Dualismus scheinbar unüberwindbare Tatsachen dar. Trotzalledem hat der interaktionistische Dualismus mit Eccles und Popper auch in der aktuellen Debatte prominente Vertreter.

Die vernunftgeprägte Philosophie der Neuzeit stand zwar im Zeichen der Säkularisierung, trotzdem taucht Gott immer wieder als Letztbegründung auf. Dies ist sicherlich mit Ausschlag gebend, weshalb dem Okkasionalismus oder dem psychophysischen Parallelismus, keine große Anerkennung in der Lösung des Leib-Seele-Problems gezollt wurde. Zusätzlich ist der große Einfluss der naturwissenschaftlichen Fortschritte in der Leib-Seele-Debatte nicht von der Hand zu weisen. Die Enträtselung der Welt macht klarerweise auch vor dem Menschen selbst nicht halt. Auf Grund der Materialisierung unseres Menschenbildes, ist es kaum verwunderlich, dass z. B. der Epiphänomenalismus weitaus mehr Anklang gefunden hat, obwohl er unserer Intuition diametral gegenübersteht. Die empirischen Untersuchungen von Benjamin Libet zur Willensfreiheit und kausalen Wirksamkeit von Mentalität sollten ein Beleg dafür sein, dass Geist lediglich eine Begleiterscheinung des Gehirns ist. Hiermit wird zwar an einer zweiten Substanz festgehalten, die aber niemals Ursache für unser Verhalten sein kann.[44] Libet bat einige Probanden innerhalb der nächsten fünf Minuten eine Bewegung, zu einem willkürlich gewählten Zeitpunkt, mit ihrem Zeigefinger zu vollziehen. Die Probanden, an denen gleichzeitig ein EEG durchgeführt wurde, sollten darüber hinaus kenntlich machen, wann sie sich zu dieser freien Handlung entschlossen hatten. Das Ergebnis des EEG wurde daraufhin mit den Angaben der Personen verglichen und brachte Bemerkenswertes zu Tage. Denn schon einige 100 Millisekunden bevor der willentliche Entschluss zur Zeigefingerbewegung protokolliert wurde, konnte laut EEG ein vorausgehendes Bereitschaftspotential gemessen werden. Scheinbar hat das Gehirn schon bevor der Proband sich bewusst und willentlich für die Bewegung entschieden hat, die Bewegung eingeleitet. Der Mensch als bewusster Akteur und sein freier Wille wären somit vollständig reduktionistisch erklärbar. Wir wären nur Wirkung, aber niemals Ursache! Libet selbst relativierte die Ergebnisse seines Experiments, indem er eine Vetofunktion des Willens annahm, die zwischen dem Bewusstwerden und Vollziehen der Handlung zum Einsatz kommt. Diese negative Bestimmung des Willens steht somit dem Determinismus der neuro-

[44] *Vgl. Beckermann 2000, S. 46 f*

nalen Hirnprozesse in irgendeiner Weise gegenüber.[45] Das Experiment ist aber noch aus anderen Gründen zu kritisieren. Es ist in der Tat fraglich, ob in diesem Experiment wirklich von freien Entscheidungen gesprochen werden kann, wenn die Handlung von vornherein feststeht? Habermas merkt an, dass das Experiment nur auf Ursachen ausgerichtet ist, aber nicht auf die Gründe einer Handlung. Und genau letztere sind für das menschliche Handeln kennzeichnend.[46]

Die bisher vorgestellten substanzdualistischen Ansätze der Antike und der Neuzeit stellen keine adäquate Lösung des Leib-Seele-Problems dar. Nicht besser ergeht es dabei auch den monistischen Positionen, wobei der Materialismus im Laufe der Zeit eine wesentlich gewichtigere Rolle als der Idealismus einnimmt. An den späteren Lösungsversuchen der klassischen Leib-Seele-Debatte ist bereits der immense Einfluss der biologischen und physikalischen Naturwissenschaften klar zu erkennen. Einerseits muss dem neuen Wissensstand Rechnung getragen werden, anderseits will bzw. kann man auf das Seelische, zumindest im Menschen, nicht verzichten.

Lediglich Aristoteles könnte man eine gewisse Sonderstellung in der Lösung des Körper-Geist-Problems einräumen. Vom Individuum, der unteilbaren Einheit von Seele und Leib, ausgehend, fasst er den Menschen als Naturwesen auf, der sich in einem dynamischen Prozess in der Gesellschaft entwickelt und entfaltet. Die Seele ist das Formprinzip und der Körper sein Material. Seele ist hierbei nicht identisch mit dem Körper, aber auch nicht unabhängig von ihm existierend. Lebendige Organismen sind dank der Seele selbstverwirklichend bzw. selbstverursachend. Aristoteles unterscheidet zwischen der Körperseele, die Funktionen wie Wachstum, Stoffwechsel, Bewegung und Wahrnehmung inne hat und der Geistseele, als reines Formprinzip, die das humanspezifisch Mentale realisiert. Alles Lebendige ist eine psychophysische Einheit, wobei die strukturierende Kraft, die Seele, nicht etwa im Gehirn situiert wird (s. Descartes), sondern als zielstrebige Potentialverwirklichung des ganzen

---

[45] *Vgl. Benjamin Libet: Unconsciouscerebral initiative and the role of conscious will in voluntary action. In: Behavioral Brain Sciences 8. 1985, S. 529-566*

[46] *Vgl. Jürgen Habermas: Freiheit und Determinismus. In: Krüger, Hans-Peter (Hg.): Hirn als Subjekt. Berlin 2007, S. 101-111*

Körpers verstanden werden muss.[47] Der Hylemorphismus von Aristoteles hintergeht auf diese Weise den problematischen Substanzdualismus und den reduktionistischen Materialismus und bietet somit einen eleganten Ausweg aus dem Leib-Seele-Problem. Insofern fällt Descartes und ein Großteil der neuzeitlichen Philosophie hinter Aristoteles zurück. In seiner Seelenlehre gibt es einen Stufenbau, wobei die unteren Seelenteile ohne die Höheren existieren können, aber nicht umgekehrt. Dies gilt aber auch für das Verhältnis von Seele zu Körper überhaupt. Denn die Seele kann ohne den Körper nicht existieren, aber zugleich ist sie nicht der Körper. Der Körper hingegen kann ohne die Seele bestehen, aber nur in Verbindung mit der Seele und ihren Funktionen kann er lebendig sein. In jeder Seelenstufe tritt zumindest eine neue Funktion auf, die aber auf den unteren Funktionen aufbaut, denn z. B. ohne das Ernährungsvermögen der vegetativen Seele gäbe es kein Wahrnehmungsvermögen der sensitiven Seele.[48] Erst die Geistseele macht den Menschen zu dem was er ist. Der leidensfähige Teil der Geistseele ist mit den anderen Seelenteilen und mit dem Körper verbunden und deshalb vergänglich. Er gleicht einer tabula rasa, die von außen, nämlich von der leidlosen ewigen Geistseele, beschrieben wird. Einerseits könnte man die ewige Geistseele als die mit Sprache und Schrift überlieferte menschliche Wissenserkenntnis, also sozusagen die Weltvernunft im Sinne des Logos, interpretieren. So gesehen ist sie nicht leidensfähig und vergänglich, weil sie vom einzelnen Menschen abstrahiert werden kann. Der Mensch wird erst zum Menschen in einer Gemeinschaft, in der sein leerer Geist mit dem überlieferten Wissen durch Andere befüllt wird. Anderseits wird die ewige Geistseele aber auch als etwas von göttlicher Natur bezeichnet, was eindeutig zu kritisieren ist.[49] Die leidensfähige Geistseele kann als reines Formprinzip verstanden werden, welche mit dem Gemeinsinn die mannigfaltigen Sinneseindrücke, die über die Körperseele, genauer der sensitiven Seele, aufgenommen werden, bündelt. Eine derartige Verknüpfungsleistung ist losgelöst von aller Erfahrung und spricht für die Fähigkeit der Geistseele zum

---

[47] *Vgl.https://skriptenforum.net/wiki/Skriptum:Einf%C3%BChrung_in_die_theoretische_Philosophie_%28Rheman n_Josef%29 (Stand 07.03.2010)*

[48] *Vgl. Stefan Bleecken: Das ganzheitliche Weltbild des Aristoteles. In: Tabula Rasa. Zeitschrift für Gesellschaft und Kultur. 2007, Nr. 28*

[49] *Vgl. Stefan Bleecken: Das ganzheitliche Weltbild des Aristoteles. In: Tabula Rasa. Zeitschrift für Gesellschaft und Kultur. 2007, No. 28*

reinen Denken.[50] Im dritten Buch der Nikomachischen Ethik, konstatiert Aristoteles, dass nur dem Menschen der freie Wille zukommt, da er die Gründe für sein Handeln in sich selbst trägt. Die Unfreiheit des Willens hingegen entspringt entweder einem äußeren Zwang oder der Unwissenheit.[51]

Aristoteles betrachtet den Menschen als prozesshaftes bio-psycho-soziales-mentales Lebewesen in einer Einheit. Die Seele als ein materiestrukturierendes Aktivitäts- bzw. Funktionsprinzip ist der Inbegriff der psychischen Phänomene, die weder reduktiv erklärt werden kann, noch eine vom Leib unabhängige Entität darstellt.[52] Aristoteles wird in der neueren Debatte um das Körper-Geist-Problem häufig als Funktionalist[53] oder Emergentist interpretiert, welches auf Grund seines ganzheitlichen Lösungsversuches nicht unbedingt zutreffend ist. In manchen Punkten hat sich nach heutigem Wissensstand das Formprinzip des Aristoteles als falsch erwiesen. Nicht die immaterielle Seele als Entelechie ist die Ursache der Entwicklung eines Lebewesens, sondern ein in der DNS materiell kodiertes genetisches Programm.[54]

2.4 Das moderne Leib-Seele-Problem

Die neuere Leib-Seele-Debatte grenzt sich in vielerlei Hinsicht von der Klassischen ab. Sie steht im Zeichen der Philosophy of mind, die in ihren Anfängen, bedingt durch den linguistic turn, analytisch geprägt war. Wie bereits erwähnt, rückt der Materialismus in den Mittelpunkt der Kontroverse und der Substanzdualismus und der reine Idealismus spielen lediglich eine untergeordnete Rolle. Der Widerwille gegen den Physikalismus führte ab 1970 zu verschiedenen Spielarten des nicht-reduktiven

---

[50] *Vgl. https://skriptenforum.net/wiki/Skriptum:Einf%C3%BChrung_in_die_theoretische_Philosophie_%28Rhemann_Josef%29 (Stand 07.03.2010)*

[51] *Vgl. Aristoteles: Nikomachische Ethik. Herausgegeben und übersetzt von Wolf, Ursula: Nikomachische Ethik. Hamburg 2011, Buch 3 Kap.3 IIII a-IIII b, S. 99-100.*

[52] *Vgl. https://skriptenforum.net/wiki/Skriptum:Einf%C3%BChrung_in_die_theoretische_Philosophie_%28Rhemann_Josef%29 (Stand 07.03.2010)*

[53] *Vgl. Metzinger 2007, S. 20*

[54] *Vgl. Thomas Junker: Geschichte der Biologie. München 2004, S. 60*

Materialismus und zur Wiederbelebung des phänomenalen Bewusstseins, welches sich u. a. in der Qualia-Debatte wiederspiegelt. Ein weiterer Aspekt ist die interdisziplinäre Einbettung der Diskussion, die insbesondere unter dem Einfluss der Hirnforschung steht. Selbstverständlich ist die aktuelle Debatte nicht losgelöst vom historischen Leib-Seele-Problem, sondern tief in diesem verwurzelt. Metzinger spricht diesbezüglich von einer Reformulierung bzw. Transformierung traditioneller Ansätze, bei denen die Gegensätze personal/subpersonal, subjektiv/objektiv, phänomenal/funktional und intentional/physikalisch besonders bedeutsam werden. Die Differenz zwischen personalen und subpersonalen Zuständen lässt sich am „mereologischen Fehlschluss" veranschaulichen. Dabei werden nämlich Eigenschaften eines Ganzen mit den Eigenschaften seiner Teile verwechselt. Nicht das Gehirn denkt oder fühlt, sondern der Mensch als Ganzes. Mentale Phänomene sind demnach Eigenschaften einer Person und nicht seiner Teile. Umgekehrt gilt aber auch, dass der Mensch als Ganzes nicht zum Subjekt neurologischer Prädikate gemacht werden darf. Problematisch ist hierbei, dass die Beschreibungsebenen inkompatibel sind und sich auch die Ursache-Wirkungs-Kette zwischen ihnen nicht zu einem Naturgesetz erheben lässt. Hieraus folgt die nomologische Inkommensurabilität des Mentalen. Geistige Zustände zeichnen sich durch Subjektivität aus, d. h. sie sind nur aus der Erste-Person-Perspektive erfahrbar. Im Gegensatz dazu sind der Körper bzw. das Gehirn aus der objektiven Dritte-Person-Perspektive zugänglich. Während es sich bei der Unverträglichkeit von personalen und subpersonalen Zuständen eher um ein begriffliches Problem handelt, liegt bei der Erste-Person-Perspektive ein erkenntnistheoretisches Problem vor. Mit der Privatheit des Zugangs der Erste-Person-Perspektive eng verknüpft ist die Problematik des phänomenalen Bewusstseins bzw. der phänomenalen Eigenschaften, sprich der Qualia. Mentalen Zuständen ist es nämlich eigen, sich auf eine gewisse Weise anzufühlen, d. h. sie haben einen qualitativen Charakter. Genau dies unterscheidet sie von funktionalen Zuständen. Jeder reduktive Ansatz hat eben genau mit dieser Privatheit bzw. Erlebnisqualität des Geistes zu kämpfen. Es ist völlig ungeklärt, wie und warum Qualia entsteht und wie ihre Verbindung zur objektiven physischen Welt zu denken ist. Es ist aber nicht allen geistigen Zuständen eigen einen phänomenalen Charakter aufzuweisen. Die zweite Klasse von mentalen Phänomenen sind die intentionalen Zustände, die sich nicht auf eine gewisse Art und Weise an fühlen, sondern auf etwas gerichtet sind. Intentionale

Zustände sind im Gegensatz zu körperlichen Zuständen Träger von Bedeutungsinhalten und sind durch Wahrheits- und Erfüllungsbedingungen charakterisiert.[55]

Im Zentrum der neueren Leib-Seele-Debatte stehen offensichtlich keine eigenständigen immateriellen Substanzen mehr, sondern mentale Zustände und Eigenschaften. Doch wie ist ihre Beziehung zur physikalischen Welt zu verstehen? Faktum ist, dass sich insbesondere die Qualia schwer in das naturwissenschaftliche Menschen- und Weltbild integrieren lassen. Der reduktive Materialismus steht vor der Aufgabe zu zeigen, dass mentale Charakteristika wie Bewusstsein, Privatheit, Nicht-Räumlichkeit, Unkorrigierbarkeit, Intentionalität oder Qualia nur Spielarten physischer Zustände sind.[56]

2.4.1 Materialismus

Den Materialismus haben wir in dieser Arbeit bereits bei den antiken Atomisten kennengelernt. Er wurde erst wieder in der Zeit der Aufklärung u. a. von Laplace und La Mettrie aufgenommen. Der reine Materialismus zeichnet ein vollständiges deterministisches Menschen- und Weltbild, in dem kein Platz mehr für eine Seele oder mentale Eigenschaften ist. Alle mentalen Phänomene sind letztlich auf die Materie, der einzigen Substanz im Universum, zurückzuführen oder mit ihr identisch. Der Geist des Menschen, wenn er überhaupt existiert, muss evolutionär aus der Natur hervorgegangen sein und unterliegt damit denselben Naturgesetzen, wie der Körper bzw. das Gehirn. Die physische Welt ist kausal geschlossen und schon allein deswegen verlieren Seele und Geist ihren Sinn und ihre Wirkung. Der Materialismus bestimmt seit dem die Diskussion um das Leib-Seele-Problem und die meisten Ansätze sind Versuche ihn zu widerlegen oder zu bestätigen. Er steht vor der schwierigen Aufgabe alle mentalen Phänomene auf Basis der Materie zu erklären. Du Bois-Reymond prognostizierte 1872 in seinem Vortrag „Über die Grenzen des Naturerkennens" die Probleme des reduktiven Materialismus mit diesen Worten:

---

[55] *Vgl. Metzinger 2007, S. 20-30*

[56] *Vgl. Beckermann 2000, S. 9-16*

„ [...] Allein es tritt nunmehr, an irgend einem Punkt der Entwicklung des Lebens auf Erden, den wir nicht kennen und auf dessen Bestimmung es hier nicht ankommt, etwas Neues, bis dahin Unerhörtes auf, etwas wiederum [...] Unbegreifliches. [...] Dies neue Unbegreifliche ist das Bewusstsein. Ich werde jetzt, wie ich glaube, in sehr zwingender Weise darthun, dass nicht allein bei dem heutigen Stand unserer Kenntnis das Bewusstsein aus seinen materiellen Bedingungen nicht erklärbar ist, was wohl jeder zugiebt, sondern dass es auch der Natur der Dinge nach aus diesen Bedingungen nie erklärbar sein wird." (Du Bois-Reymond 1898, S. 33)

Der Materialismus tritt in unterschiedlichen Erscheinungsformen auf, wobei grundsätzlich zwischen reduktiven und nicht reduktiven Ansätzen unterschieden werden muss.

2.4.1.1 Reduktiver Materialismus

Bevor die einzelnen Positionen beschrieben werden, sollte noch der Begriffe der Reduktion erklärt werden. Der klassische Begriff der Theoriereduktion geht auf Ernest Nagel (1961, zitiert nach Beckermann 2000, S. 104) zurück und besagt:

„Eine Theorie T_1 lässt sich genau dann auf eine Theorie T_2 reduzieren, wenn alle Gesetze von T_1 - evtl. mit Hilfe geeigneter Brückengesetze - aus den Gesetzen von T_2 abgeleitet werden können."

Die Reduktion wird in der Philosophie des Geistes verwendet, um eine Identitätsbeziehung aufzuzeigen, wobei Identität auch ohne Reduktion bestehen kann. Brückengesetze braucht man dann, wenn T_1 Begriffe enthält, die in T_2 nicht vorkommen.[57]

Eine Reduktion soll Phänomene, die in zwei voneinander verschiedenen Beschreibungsebenen definiert wurden, sich aber auf ein und dieselbe Entität beziehen, verbinden. D. h. psychologische Phänomene sollen, wenn notwendig mittels Brückentheorien, mit vergleichbaren physikalischen Phänomenen verknüpft werden.[58] Als

[57] *Vgl. Beckermann 2000, S. 104*

[58] *Vgl. Wolf Singer: Der Beobachter im Gehirn. Frankfurt 2002, S. 41*

Brückengesetze können aber ebenfalls nur gesetzliche Korrelationen zur Anwendung kommen, die den Status streng deterministischer Naturgesetze aufweisen und sich daher empirisch verifizieren lassen. Eine Reduktion des Psychischen auf das Physikalische scheitert, wie noch gezeigt wird, empirisch an der multiplen Realisierung des Mentalen. Die nomologische Inkommensurabilität des Mentalen verhindert bereits auf begrifflicher Ebene, dass eine lückenlose kausale Kette zwischen den Beschreibungsebenen formulierbar ist und somit auch keine psychophysischen Brückengesetze aufgestellt werden können.[59] Trotzdem glaubt Singer, dass die Hirnforschung in nicht allzu ferner Zukunft sämtliche mentale Phänomene durch Prozesse auf der tiefergelegenen Analyseebene, den neuronalen Kommunikationsprozessen, erklären wird können.[60]

2.4.1.1.1 Semantischer Physikalismus

Der semantische Eigenschaftsphysikalimus wurde u. a. von Rudolf Carnap vertreten und suggeriert, dass mentale Eigenschaften allein aus ihrer Semantik auf physische Eigenschaften reduzierbar sind. Jedem Satz über mentale Zustände korreliert ein bedeutungsgleicher Satz in der physikalischen Sprache. D. h. ein mentales Prädikat ist dann mit einem physikalischen Prädikat identisch, wenn Synonymität besteht. Die Ähnlichkeit zum logischen Behaviorismus ist nicht zu verkennen, bei dem mentale Phänomene mit Verhaltensdispositionen gleichgesetzt werden. Carnap und der Wiener Kreis waren der Auffassung, die gesamte Psychologie in der physikalischen Universalsprache aufheben zu können. Für die Argumentation ist der Unterschied zwischen System- und Protokollsätzen entscheidend. Systemsätze sind die Sätze der Einzelwissenschaften, also auch der Psychologie, und Protokollsätze sind Beobachtungssätze von Wissenschaftlern. Jede Bedeutung eines Satzes besteht aus der aus ihm abzuleitenden Protokollsätze. Es können aber immer nur physikalische Dinge und Eigenschaften beobachtet werden und deshalb muss es zu jedem Satz über mentale Zustände einen bedeutungsgleichen physikalistischen Satz geben, der aus der Zusammenfassung der Protokollsätze besteht. Die Frage ist nur, wie viele Protokollsätze sind notwendig um einen mentalen Zustand zu beschreiben und welche der

[59] *Vgl. Metzinger 2007, S. 219 f*

[60] *Vgl. Singer 2002, S. 32*

aufgezählten Verhaltensdispositionen sind tatsächlich relevant. Noch gravierender ist, dass um alle Nebenbedingungen zu protokollieren, wieder auf mentale Ausdrücke zurückgegriffen werden muss. Die Reduktion der mentalen Prädikate auf die physikalische Sprache scheitert daher an der Unmöglichkeit Protokollsätze zu formulieren, die ihrerseits frei von mentalistischer Sprache sind. Daraus folgt, dass man keinen Satz in der physikalischen Sprache so formulieren bzw. definieren kann, dass er eine identische Bedeutung mit dem Satz über einen mentalen Zustand hat.[61]

2.4.1.1.2 Identitätstheorie

Aus obigem folgt aber noch nicht zwingend, dass mentale Eigenschaften nicht identisch mit physischen Eigenschaften sein können. Der Haken ist die Synonymität von Prädikaten. Anscheinend können nämlich auch zwei Prädikate für dieselbe Eigenschaft stehen, wenn sie auch nicht synonym sind, so wie das bei der Identität von Wasser und H_2O der Fall ist.[62] Diese Erkenntnis geht auf Gottlob Freges Unterscheidung von Sinn und Bedeutung zurück. Dass der Morgenstern gleich dem Abendstern ist, bezieht sich zwar auf ein und denselben Gegenstand, nämlich auf die Venus, aber ihr Sinn ist völlig verschieden. Es handelt sich hierbei um eine empirische Entdeckung, die einen a posteriori Wahrheitsgehalt über unsere Welt darstellt. Wieso soll dann nicht in diesem Sinne auch gelten, dass Mentalität identisch mit neuronalen Prozessen ist?[63] Dadurch inspiriert, formulierten Smart und Place die Identitätstheorie. Selbst wenn geistige Prädikate nicht in die physikalische Sprache zu übersetzen sind, können sie mit Gehirnprozessen identisch sein und zwar in einer nicht analytischen Identität, da sich ihr Sinn nicht allein aus den jeweiligen Prädikaten ergibt. Anstelle der Gleichsetzung von mentalen Zuständen mit Verhaltensdispositionen rückt die direkte Identifizierung mit neuronalen Prozessen. D. h. psychische Zustände sind existent, aber sie sind physikalische Zustände und damit ist das Problem der mentalen Verursachung gelöst. Allerdings scheint es nicht realistisch zu sein, dass einem mentalen Zustand genau ein neuronales Ereignis zugeordnet werden kann. Vielmehr ist es so, dass dieselbe mentale Eigenschaft bei verschiedenen Menschen mit völlig

---

[61] *Vgl. Beckermann 2000, S. 63-98*

[62] *Vgl. Beckermann 2008, S. 64*

[63] *Vgl. Metzinger 2007, S. 91-93*

unterschiedlichen neuronalen Zuständen korreliert. Sogar bei ein und derselben Person können in Folge einer Verletzung des Gehirns andere Regionen die Funktion der Beschädigten übernehmen. Darüber hinaus unterscheidet sich die Physiologie des menschlichen Hirns fundamental von dem vieler Tiere. Soll daraus folgen, dass Tiere ganz andere mentale Zustände besitzen?[64] Sollen Marsianer oder Roboter schon allein deshalb kein uns vergleichbares Seelenleben haben, weil deren physische Grundlage des Gehirns nicht wie das unsere aus Nervenzellen besteht? Dies macht die psychophysische Identität doch sehr unrealistisch. Deshalb wird innerhalb der Identitätstheorie zwischen einer Typ- und Token-Identität unterschieden. Verfechter der Typ-Identitätstheorie unterstellen die Identität mentaler und neuronaler Eigenschaften bzw. Ereignistypen, während bei der Token-Identität nur einzelne mentale mit vereinzelten physischen Ereignissen identisch sind.[65] Die Typ-Identität von Smart und Place, wonach der mentale Zustandstyp Schmerz mit dem Feuern bestimmter Neuronen in bestimmten Hirnregionen identisch ist, stolpert u. a. an der oben angesprochenen multiplen Realisierung. Der gleiche mentale Zustand, z. B. das Schmerzerlebnis, ist bei verschiedenen Menschen oder verschiedenen Lebewesen nun mal nicht ident realisiert. Ein Zusammenhang im Sinne der Typ-Identität muss aber ein strenges Gesetz instanziieren, welches das Mentale mit dem Physikalischen verbindet und sich empirisch verifizieren lässt. Aber genau das verhindert die multiple Realisierung. Schon auf begrifflicher Ebene scheitert die Reduktion an der Inkompatibilität der beiden Beschreibungsebenen, welches die nomologische Inkommensurabilität des Mentalen zur Folge hat. Die Probleme einer Reduktion auf das Physikalische kann man schön am Gesetz von Gresham sehen. Jeder Austausch von Zahlungsmitteln ist sicher ein physikalisches Ereignis, das physikalisch beschreibbar ist. Es ist aber sicher unrichtig zu glauben, der Zahlungsverkehr mit Muscheln, 10 Euro-Scheinen oder Äpfeln hätte physikalisch irgendetwas gemeinsam. Die unterschiedliche Realisierung verhindert eine Reduktion auf einen physikalischen Artbegriff. Das interessante am Zahlungsverkehr ist damit sicher nicht die physikalische Beschrei-

---

[64] *Vgl. Ansgar Beckermann: Eigenschafts-Physikalismus. In: Zeitschrift für philosophische Forschung 50. 1996, S. 7; Vgl. Beckermann 2000, S. 137 f*

[65] *Vgl. Beckermann 2000, S. 139 und 184 f*

bungsebene. Die Identitätstheorie gilt auf Grund des Ausgeführten als widerlegt bzw. schlichtweg als falsch.[66]

Anders verhält es sich bei der Token-Identität, die als nicht-reduktiver Physikalismus verstanden werden kann und im übernächsten Kapitel behandelt wird.

2.4.1.2 Nicht-reduktiver Materialismus

Der nicht-reduktive Materialismus behauptet nicht, dass mentale Eigenschaften oder Zustände übernatürliche Phänomene, wie eine immaterielle Seele, sind. Er umfasst Theorien, die die Relationen zwischen physikalischen und mentalen Aktivitäten verständlich machen, ohne das Mentale auf das Physikalische zu reduzieren.[67]

2.4.1.2.1 Anomaler Monismus

Wie man in Kapitel 2.4.1.1.2 gesehen hat, ist die Typ-Identität nicht haltbar, weil sie der multiplen Realisierung widerspricht und an der nomologischen Inkommensurabilität des Mentalen scheitert. Darum versucht Donald Davidson das Leib-Seele-Problem durch eine Verbindung der Token-Identität, bei der jedes singuläre mentale Ereignis mit irgendeinem singulären physikalischen Ereignis identisch ist, mit der These der Anomalität des Mentalen, zu lösen. Die Anomalität des Mentalen postuliert die Inexistenz psychologischer und psychophysischer Gesetze. Die mentale und die physikalische Beschreibungsebene sind inkompatibel, da das Geistige nur ganzen Personen im Kontext von Gründen und Meinungen zugeschrieben werden kann und niemals ihren Teilen, nämlich irgendwelchen neuronalen Aktivitätsmustern. Physische Prozesse werden durch strikte physikalische Gesetze, den einzigen wirklichen Gesetzen in der Welt, beschrieben, die aber nur zwischen Teilen des Ganzen gelten. Gesetze sind etwas Sprachliches und genau darin sieht Davidson das Leib-Seele-Problem begründet. Anomaler Monismus bedeutet daher, dass singuläre mentale Zustände einzelne physikalische Ereignisse sind und eine physikalische Erklärung

---

[66] *Vgl. „Ebd.", S. 139; Vgl. Godehard Brüntrup: Das Leib-Seele-Problem. 2008, S. 92*

[67] *Vgl. Arno Ros: Willensfreiheit, Urheberschaft und Zufall. In: Krüger, Hans-Peter (Hg.): Hirn als Subjekt? Berlin 2007, S. 316*

dieser Identität aber unmöglich ist.[68] Davidsons Theorie beruht auf diesen drei Annahmen:

1. Einzelne mentale Ereignisse können einzelne physische Ereignisse verursachen und umgekehrt.
2. Wenn ein mentales Ereignis Ursache für ein physisches Ereignis ist, dann muss es ein streng deterministisches Gesetz geben, unter das beide Ereignisse fallen.
3. Es gibt keine psychologischen und psychophysischen Gesetze im Sinne strikter deterministischer Gesetze.[69]

Hier scheint ein Widerspruch vorzuliegen. Wie kann These 1 wahr sein, wenn die Aussagen 2 und 3 wahr sind? Die Pointe ist, dass These 3 nur besagt, dass es kein Gesetz gibt, nachdem ein mentales Ereignis als mentales Ereignis kausal wirksam sein kann. Es behauptet nicht, dass es gar kein Gesetz gibt, unter dem die Ursache-Wirkungs-Beziehung bestehen kann. Dieses Gesetz muss notwendiger Weise ein Gesetz der Physik sein, da diese als streng deterministisch gelten. Wenn also nur die Gesetze der Physik gelten (These 3) und wenn ein mentales Ereignis ein physisches Ereignis verursacht (These 1), muss es durch diese Verursachung unter ein deterministisches Gesetz fallen (These 2). Da aber nur physikalische Ereignisse in streng deterministischen Gesetzen beschrieben werden können, müssen mentale Ereignisse selbst auch physische Ereignisse sein.[70] Da mentale Ereignisse nur auf der Ebene von Personen auftreten, liegen sie allein aus begrifflicher Inkompatibilität außerhalb strenger gesetzlicher Beschreibungen und sind somit auf der personalen Beschreibungsebene kausal unwirksam. Kausale Wirksamkeit ist ein Primat der subpersonalen Beschreibungsebene und daher können geistige Ereignisse nur kausal wirksam sein, wenn sie mit einzelnen physischen Ereignissen identisch sind. Der anomale Monismus bewahrt einerseits die Superiorität des ontolgisch-materialistischen Monismus und anderseits zeigt er, dass die Reduktion des Mentalen auf das

---

[68] *Vgl. Metzinger 2007, S. 219 f*

[69] *Donald Davidson: Mental Events. In: Block, Ned (Hg.): Readings in Philosophy of Psychology, Band 1. Harvard 1980, S. 107 ff; Vgl. Beckermann 2000, S. 182*

[70] *Vgl. „Ebd.", S. 182 ff*

Physische bereits aus begrifflichen Gründen unmöglich ist.[71] Außerdem kommt er unserer dualen Alltagserfahrung sehr entgegen. Das mentale Ereignis Angst verursacht das physische Ereignis Flucht und umgekehrt verursacht das physische Ereignis Faustschlag das mentale Ereignis Schmerz. Eines der Probleme des anomalen Monismus ist die Tatsache, ob Token-Identität überhaupt ohne Typ-Identität gedacht werden kann. Die Token-Theorie unterstellt Identität von mentalen Einzelereignissen mit physischen Einzelereignissen. Andersherum muss also auch gelten, dass singuläre physische Ereignisse identisch mit singulären mentalen Ereignissen sind. Wenn es nun einzelne mentale Ereignisse gibt, fallen diese notwendigerweise unter einen mentalen Ereignistyp und qua Identität fallen somit auch einige physische Ereignisse unter einen mentalen Ereignistyp. Aber was für Merkmale sind dafür verantwortlich? Sind es physische oder mentale Kriterien des neuronalen Einzelereignisses, die eine Subsumption unter einen Ereignistyp ermöglichen? Und genau das ist aber die Frage nach der psychophysischen Relation, der Davidson ausweichen wollte.[72] McLaughlin (1995, S. 603) formulierte die Konsequenzen folgender Maßen:

„Angenommen, ein bestimmtes physisches Einzelereignis x fällt unter den mentalen Ereignistyp M [...], während ein anderes physisches Einzelereignis y nicht unter M fällt. Dann scheint es einen Unterschied zwischen x und y geben zu müssen, der dafür verantwortlich ist, dass x unter M fällt, y aber nicht. [...] Wenn es aber kein *factum brutum* ist, dann gibt es eine Erklärung dafür, dass ein bestimmtes physisches Ereignis unter einen bestimmten mentalen Ereignistyp fällt. Der Vertreter des nichtreduktiven Materialismus schuldet uns dafür eine Erklärung, die nicht auf eine psychophysische Reduktion hinausläuft.“

Noch schwerwiegender ist die Tatsache, dass mentale Ereignisse nur als physische Ereignisse kausale Wirksamkeit haben. Der anomale Monismus läuft daher Gefahr entweder in einen Epiphänomenalismus oder in einen eliminativen Materialismus zu verfallen.

---

[71] *Vgl. Metzinger 2007, S. 219-221*

[72] *Vgl. Beckermann 2000, S. 202 f*

2.4.1.2.2 Supervenienz

Der Supervenienz-Gedanke geht auf einen Aufsatz von Donald Davidson zurück, den er aber selbst nicht weiter verfolgte:

„Obwohl die von mir beschriebene Position verneint, dass es psychophysische Gesetze gibt, geht sie doch konform mit der Ansicht, dass mentale Charakteristiken auf eine gewisse Art abhängig oder supervenient gegenüber physischen Charakteristiken sind. Eine derartige Supervenienz kann so verstanden werden, dass keine zwei Ereignisse in allen physischen Hinsichten gleich, aber in ihren mentalen Aspekten verschieden sein können [...]. Abhängigkeit oder Supervenienz in dieser Form bedeutet nicht Reduzierbarkeit durch ein Gesetz oder eine Definition [...]".[73]

Die Supervenienz-Theorie konstatiert eine Irreduzibilität von Makroeigenschaften auf Mikroeigenschaften, aber postuliert gleichzeitig eine Determination bzw. Abhängigkeit „von unten". Als illustratives Beispiel dient die Eigenschaft "Flüssigkeit", die sich nicht auf die Eigenschaften der Teile einer physischen Entität zurückführen lässt. Denn die H_2O-Molekühle, aus denen Wasser besteht, sind selbst nicht flüssig. Jedoch wird man deshalb nicht von einem mysteriösen Zauber sprechen, sondern eine besondere Art der Relation annehmen. Und genau darin liegt der Lösungsversuch der Supervenienz. Die angesprochene Relation besteht zwischen einer Eigenschaftsfamilie *X* (Basismenge) und einer Eigenschaftsfamilie *Y*, wobei *Y* über *X* superveniert. Es kann keine zwei Dinge eines Gegensstandsbereiches geben, die absolut identisch bzgl. ihrer Eigenschaften in *X* sind, aber in Y unterschiedliche Eigenschaften aufweisen. Demzufolge superveniert das Mentale über dem Physischen so, dass man nichts im Bereich des Mentalen ändern kann, ohne auch im Bereich des Physischen etwas zu verändern. Dafür sprechen auch moderne bildgebende Verfahren, die ersichtlich machen, dass eine Änderung im Bewusstseinszustand mit einer Änderung des neuronalen Aktivitätsmusters einhergeht. Umgekehrt gilt aber nicht, dass das Physische über dem Mentalen superveniert, da z. B. verschiedene Gehirnzustände denselben mentalen Zustand repräsentieren können, wie es die multiple Realisierung bescheinigt. Der Supervenienz-Gedanke stimmt mit unserer dualen Selbsterfahrung überein, widerspricht der nomologischen Inkommensurabilität des

---

[73] *Vgl. Donald Davidson: Essays on Actions and Events. Oxford 1980, S. 214*

Mentalen nicht und bewahrt das Primat des Physikalismus. Doch was erklärt die Supervenienz eigentlich? Sie konstatiert, im Gegensatz zur Identitätstheorie, ein asymmetrisches Abhängigkeitsverhältnis zwischen Körper und Geist. Über die Tiefenstruktur bzw. über das Wesen der Determination dieser Relation wird aber nichts ausgesagt. Das Problem der mentalen Verursachung wird in Folge dessen eher verschärft als gelöst. Denn warum soll unter der Annahme der kausalen Geschlossenheit des Physikalischen, bei der jedes physische Ereignis auch eine hinreichende physische Ursache hat, mentale Verursachung von Nöten sein. Das führt doch eher in eine kausale Überdetermination.[74] Diese Situation lässt sich am besten an einem kleinen Beispiel verdeutlichen. Man nehme an, dass ein starker Schmerz in weiterer Folge einen Angstanfall auslöst. Der Schmerz *S* superveniert dabei über einem neuronalen Ereignis n_1, welches wiederum ein weiteres neuronales Ereignis n_2 verursacht, über dem der Angstanfall *A* superveniert. Supervenienz unterstellt, dass mentale Makrophänomene (*A, S*) verursacht werden, indem ihre neuronale Basis (n_1, n_2) verursacht wird. So kann das mentale Ereignis *A* nur dann Wirkung des mentalen Ereignisses *S* sein, wenn *S* die Ursache von n_2 ist. Da aber n_1 bereits die Ursache von n_2 ist, fragt sich, welche kausale Rolle das Mentale überhaupt spielt. Scheinbar läuft die Supervenienz Gefahr in die Identitätstheorie zurückzufallen oder wieder die Existenz psychophysischer Gesetze postulieren zu müssen. Mit dem Rückschritt in die Identität wäre der Mythos eines nicht-reduktiven Materialismus aber endgültig besiegelt.[75] Die Debatte um das Leib-Seele-Problem ist mit der Supervenienz sicherlich bereichert worden, das Problem an sich aber leider nicht gelöst.

2.4.1.3 Eliminativer Materialismus

Um den eliminativen Materialismus zu verstehen, dessen Hauptvertreter Churchland ist, muss man sich noch einmal das Wesen einer Identitätsbeziehung vor Augen führen. Identität ist eine symmetrische Relation, welche impliziert, dass nicht nur jede geistige Eigenschaft mit einer physischen identisch ist, sondern auch einige physikalische Eigenschaften, vornehmlich solche des Nervensystems, mit mentalen Eigenschaften identisch sind. Vertreter des reduktiven Materialismus bleiben die Erklärung

---

[74] *Vgl. Metzinger 2007, S. 245 ff*

[75] *Vgl. Kim 2007, S. 268 f*

schuldig, warum trotzdem eine Dualität von Prädikaten und Eigenschaften besteht. Auf Grund der symmetrischen Beziehung scheint es unmöglich die Superiorität des Physikalischen überzeugend zu untermauern. Der eliminative Materialismus umgeht dieses Problem, indem er die Beziehung zwischen Geistigem und Körperlichem einer Beziehung von Existierendem und Inexistentem gleich setzt. Der Gedanke dahinter ist, dass Mentales, wie z. B. Seele oder Gedanke, weder reduzierbar, noch mit Begriffen der physikalischen Sprache identifizierbar ist, da es genauso inexistent ist, wie Hexen oder Kobolde. Psychologische und mentalistische Theorien lassen sich ohne weiteres aus unserer Sprache eliminieren, weil wir deswegen die Welt nicht weniger genau erklären könnten.[76] Vielmehr würden rein neurowissenschaftliche Beschreibungen unserer introspektiven Selbsterfahrung zu einer Optimierung unserer Theorien führen und ganz neben bei unser Seelenleben durch ergiebigere und präzisere Begrifflichkeiten bereichern. Der Mensch muss einfach einsehen, dass sich sein alltagspsychologisches Sprechen nicht auf etwas Wirkliches bezieht und letztlich falsch ist.[77] Es gab nie Gefühle, Wahrnehmungen oder Gedanken und es wird auch nie welche geben und somit ist auch das Problem der mentalen Verursachung gelöst. Gerade diese höchstmögliche Parsimonie macht den eliminativen Materialismus aber äußerst kontraintuitiv. Wie soll man sich ein Leben ohne mentale Zustände überhaupt vorstellen? Setzt die Weiterentwicklung der Theorie des eliminativen Materialismus nicht selbst zielgerichtete mentale Zustände mit *Bedeutung* voraus? Wie soll der eliminative Materialismus verifiziert werden, ohne den mentalen Gehalt der *Wahrheit*? Ist es nicht auch unwahrscheinlich, dass neurowissenschaftliche Ersatzbegriffe die gesamte Alltagspsychologie ersetzten können, die intuitiv plausibel und epistemisch überzeugend sind? Trotz aller Kritik, muss man eingestehen, dass der eliminative Materialismus eine sehr elegante und einfache Lösung des Leib-Seele-Problems darstellt. Zusätzlichen Rückhalt erfährt die Theorie durch den fortschreitenden Erkenntniszuwachs in den Neurowissenschaften.[78] Hauptproblem dieser Position, das sie sich mit allen reduktionistischen, aber auch mit dem Funktionalismus, der schwachen Lesart der Emergenz und in Konsequenz mit der Supervenienz teilt,

---

[76] *Vgl. Metzinger 2007, S. 183 ff*

[77] *Vgl. Paul Churchland: Eliminative materialism and the propositional attitudes. In: Journal of Philosophy. Volume 78(2). 1981, S. 67-90*

[78] *Vgl. Metzinger 2007, S. 184 f*

ist die Unerklärbarkeit der Qualia. Wie soll bitte ein Schmerzerlebnis aus der Welt eliminiert werden?

2.4.1.4 Funktionalismus

Als Antwort auf das Scheitern der klassischen Identitätstheorie an der multiplen Realisierung formulierte Putnam den Funktionalismus, der zeigt, wie geistige Eigenschaften tatsächlich eine andere Form von Eigenschaften sein können als neuronalphysische und damit weder mit Gehirnzuständen identisch, noch auf diese reduzierbar sind.[79] Mentale Zustände sind demzufolge funktionale Zustände. Funktionale Zustände sind Systemzustände, die sich ausschließlich durch ihre kausale Rolle erschöpfen. Die kausale Reichweite der funktionalen Zustände erstreckt sich vom verursachenden Input von außen, zu dem Verhalten des Systems, welches sie verursachen, dem Output, und dem kausalen Verhältnis zu anderen internen Systemzuständen. Der Clou des Funktionalismus ist, dass auch wenn mentale Zustände unterschiedlich realisiert sind, sie eine idente Funktion haben. Schmerzen haben bekanntlich gewisse Ursachen und Wirkungen und somit eine kausale Rolle. Sie werden meistens durch Verletzungen am Körpergewebe hervorgerufen. Sie verursachen meistens ein Schmerzverhalten, wie z. B. Schreien oder Jammern und sie stehen in kausaler Relation zu anderen Systemzuständen, wie dem Wunsch den Schmerz los zu werden.[80] Dass es dabei egal ist auf welcher physischen Basis die Realisierung stattfindet, demonstrierte u. a. Ned Block an einem Coca-Cola-Automaten, der beim Einwurf von mindestens einem Euro eine Dose auswirft. Der Automat nimmt aber auch 50 Cent Münzen an und soll Retourgeld geben können. Damit eine Coca-Cola-Dose ausgeworfen wird, muss der Automat letztlich die zwei Zustände X_1 und X_2 einnehmen können, die folgender Maßen aussehen:

---

[79] *Vgl. „Ebd." S. 367; vgl. Rafael Ferber: Philosophische Grundbegriffe 2. Bremen 2003, S. 124*

[80] *Vgl. Beckermann 2008, S. 76 f*

Zustand / Münzeinwurf	X_1	X_2
€ 1,-	Cola-Dose; X_1	Cola-Dose; € 0,50; X_1
€ 0,50	X_2	Cola-Dose; X_1

(Abbildung 1; vgl. Beckermann 2008, S. 78)

Jedem Feld der Matrixtabelle kann man entnehmen, was der Automat bei jeweiligem Münzeinwurf macht und in welchen Zustand er übergeht.

1. Der Automat befindet sich im Zustand X_1 und € 1,- wird eingeworfen → Auswurf einer Cola-Dose und Verbleib in X_1.
2. Der Automat befindet sich im Zustand X_1 und € 0,50,- werden eingeworfen → Kein Auswurf und Übergang in X_2.
3. Der Automat befindet sich im Zustand X_2 und € 1,- wird eingeworfen → Auswurf einer Cola-Dose und € 0,50. Übergang in Zustand X_1.
4. Der Automat befindet sich im Zustand X_2 und € 0,50 wird eingeworfen → Auswurf einer Cola-Dose und Übergang in Zustand X_1.

Das ausschlaggebende an diesem Beispiel ist, dass die Zustände X_1 und X_2 allein durch ihre kausale Rolle, die in den vier obigen Verhaltensgesetzen dargestellt sind, beschrieben werden können.[81] Mentale und neuronale Zustände können demnach mit der Software und der Hardware eines Computers verglichen werden. Dasselbe Programm lässt sich so auf verschiedenen Rechnern realisieren und somit das Problem der multiplen Realisierung aufheben.[82] Die Frage ist, ob der Funktionalismus wirklich eine physikalische Theorie ist, da er nichts über den ontologischen Status von mentalen Zuständen sagt. Der Zustand Zorn ist wie alle anderen mentalen Zustände durch seine kausale Rolle gekennzeichnet (s. o.), was aber noch nichts über die Natur des Zustandes sagt. Es könnte ein neuronaler Zustand sein, aber auch ein Zustand einer unkörperlichen Seele.[83] Das unter dem Namen "China Gehirn" be-

[81] *Ned Block: Troubles with Functionalism. In: Block, Ned (Hg.): Readings in Philosophy of Psychology, Volume One. Harvard 1980, S. 297 f; vgl. Beckermann 2008, S. 77 f*

[82] *Vgl. Metzinger 2007, S. 367-369*

[83] *Vgl. Beckermann 2000, S. 184 f*

kannte Gedankenexperiment von Ned Block verdeutlicht ein noch gravierenderes Problem des Funktionalismus. Man stelle hierbei die chinesische Bevölkerung mit dem menschlichen Gehirn gleich, bei dem jeder Chinese einem Neuron entspricht und alle mittels Funkgerät miteinander verbunden sind. Man könnte sich jetzt vorstellen, dass ein Verbindungszustand im Funknetz der Chinesen identisch mit einem neuronalen Zustand eines Gehirns ist. Sollte daraus folgen, dass die chinesische Nation über ein Bewusstsein verfügt?[84] Wohl kaum und schon gar nicht dann, wenn man mit einbezieht, dass Bewusstsein mit einem qualitativen Erlebnis einhergeht.

2.4.1.5 Eigenschaftsdualismus

2.4.1.5.1 Emergenz

Grundsätzlich vertreten Emergentisten einen materialistischen Monismus gepaart mit einem Eigenschaftsdualismus und sind der Auffassung, dass sich mentale Eigenschaften nicht grundsätzlich auf physische Eigenschaften reduzieren lassen.[85] Es sei nur angemerkt, dass es verschiedene Spielarten bzw. Abstufungen des Emergentismus gibt. Die schwache Leseart ist mit manchen reduktionistischen Ansätzen kompatibel und kann durch Prädikate wie „Neuartigkeit in der physischen Welt" und „Unvorhersagbarkeit des Auftretens" verstärkt werden. Bei der starken Ausformulierung kommt in Konsequenz eine abwärtsgerichtete Kausalität hinzu. Die britischen Emergentisten Morgan, Lewes, Broad und Alexander formulierten ihre Emergenz-Theorie in der Auseinandersetzung mit dem Vitalismus und dem Mechanismus. Um sowohl dem substanzdualistischen Vitalismus, der die kausale Geschlossenheit der physischen Welt verletzt, als auch der These des biologischen Mechanismus, demzufolge alle mentalen Eigenschaften vollständig auf physikalische bzw. chemische Prozesse rückführbar sind, zu entkommen, formulierten sie einen Mittelweg.[86] Da Broad das Körper-Geist-Problem als einen Spezialfall des Verhältnisses des Ganzen, der Makroeigenschaft, zu seinen Teilen, den Mikroeigenschaften und ihrer Anordnung in ei-

---

[84] *Vgl. Block 1980, S 276 f*

[85] *Vgl. Metzinger 2007, S. 275*

[86] *Vgl. Achim Stephan: Emergente Eigenschaften. In: Krohs, Ulrich / Töpfer, Georg (Hg.): Philosophie der Biologie. Frankfurt 2005, S. 89-102*

nem System ansah, können dem Emergentismus folgende drei Annahmen zu Grunde gelegt werden:[87]

1. Der Materialismus ist wahr. Unsere Welt besteht aus Elementarteilchen und aus Aggregaten dieser Teilchen.
2. Aus einem System mit hinreichender Komplexität seiner Mikroeigenschaften (Aggregate) emergieren neue Eigenschaften, so genannte Makroeigenschaften.
3. Die Makroeigenschaften sind weder aus der Summe und Anordnung ihrer Teile ableitbar, vorhersehbar, noch auf diese zurückführbar, denn sie sind real existent und kausal wirksam.[88]

Dem zu Folge geht die Emergenz-Theorie davon aus, dass die geistigen Eigenschaften des Menschen Makrophänomene sind, die sich nicht ausschließlich aus dem komplexen neuronalen Zusammenspiel erklären lassen. Das physische Aggregat "lebendiger Organismus" ist Träger der emergenten Eigenschaft Geist. Kein Bestandteil des Systems besitzt die Eigenschaft geistig zu sein, sondern nur das System als Ganzes. Mentale Eigenschaften, wie z. B. Bewusstsein, lassen sich nach der starken Lesart weder reduktiv erklären, noch sind sie identisch mit den Eigenschaften ihrer physischen Grundlage. Darüber hinaus können sie kausal auf die Teile des Systems einwirken.[89]

Die Emergenz-Theorie zählt zu den einflussreicheren Ansätzen in der Lösung des Leib-Seele-Problems. Ihre Attraktivität bezieht sie aus zweierlei Gründen. Erstens scheint sie dem physikalischem Welt- bzw. Menschenbild nicht gravierend zu widersprechen. Zweitens erlaubt sie zu jedem Zeitpunkt das Auftreten von mentalen Eigenschaften aus einer wiederverzauberten mechanischen Welt. Leider teilt sie im Endeffekt dasselbe Schicksal wie der interaktionistische Substanzdualismus. Die psychophysischen Gesetze, die in der starken Ausformulierung der Emergenz zwischen Geist und Körper bestehen müssen, haben mit dem Interaktionsproblem und

---

[87] *Vgl. Beckermann 2008, S. 72*

[88] *Vgl. Metzinger 2007, S. 275 f*

[89] *Vgl. Stephan 2005, S. 91 ff*

der damit einhergehenden Verletzung der kausalen Geschlossenheit der physischen Welt zu kämpfen. Ein Rückgriff auf die schwache Emergenz würde dem Gedanken des reduktionistischen Materialismus gleich kommen.[90]

2.4.2 Qualia und Erste-Person-Perspektive

Unter dem Begriff „Qualia" wird die Eigenschaft des subjektiven Erlebnisgehaltes des Bewusstseins verstanden, die sich nicht aus der Dritte-Person-Perspektive erschließen lässt. Das Phänomen der Qualia ist einzig und allein aus der Perspektive der Ersten-Person erfahrbar und für viele stellt sie die äußerste Grenze der naturwissenschaftlichen Methode des Erkennens dar. Denn aus neuronalem Geschehen lässt sich nicht ableiten, wie es sich anfühlt etwas zu erleben. Jede Reduktion des Mentalen scheitert damit letztlich an den subjektiven Qualitäten der bewusst erlebten sinnlichen Empfindung. Qualitäten der Röte, der Süße oder des Schmerzes sind neben einem korrelierenden neuronalen Aktivitätsmuster, eben auch durch ein spezielles Erlebnis gekennzeichnet, die nur aus einem privaten Innenraum zugänglich sind. Hier liegt ein erkenntnistheoretisches Problem vor. Man kann aus zwei komplett verschiedenen Gesichtspunkten Wissen über ein und dasselbe wissenschaftliche Untersuchungsobjekt, nämlich das Bewusstsein, erlangen. Einmal von außen, aus der Perspektive der Neurowissenschaft, und einmal von innen, aus der Erste-Person-Perspektive. Die Hirnforschung sucht nach neuronalen Korrelaten für die auftretenden Erlebnisinhalte und kann die körperlichen Zustände mit rein naturwissenschaftlichen Mitteln ausreichend beschreiben. Das phänomenale Erleben scheint zwar eng mit diesen objektiven Vorgängen im Gehirn verbunden zu sein, entzieht sich aber dem epistemischen Zugriff von außen. Hinzu kommt das Problem der nomologischen Inkommensurabilität des Mentalen, welche verhindert, dass psychophysische Gesetze formulierbar sind. Das Phänomen der Qualia eröffnet eine Fülle neuer Fragestellungen und ist ein Kernpunkt in der Lösung des Leib-Seele-Problems. Inwiefern stellen phänomenale Eigenschaften wirklich eine eigene Art von Eigenschaften dar, oder sind sie letztlich doch nur physikalische Eigenschaften, die durch Metarepräsentationen unseres eigenen Gehirns entstehen? Im Falle der Eigenständigkeit besagter

---

[90] *Vgl. Metzinger 2007, S. 275 f*

Qualitäten, fällt die Diskussion aber wieder in einen problematischen Dualismus zurück, der mehr Fragen aufwirft, als er beantworten kann. Wie soll man Phänomene aus heutiger rationaler Sicht erklären, die sich außerhalb des kausalen Netzwerkes befinden, indem sie eigentlich stecken? Die Hirnforschung ist daher besonders bemüht auch diesem Phänomen Herr zu werden und ist angesichts ihrer rasanten neurowissenschaftlichen Fortschritte einem Gelingen gegenüber optimistisch eingestellt. Aber welche Konsequenzen hätte ein derartiges Gelingen für unser Menschbild? Abgesehen von den noch nie dagewesenen und unabsehbaren Kontroll- bzw. Manipulationsmöglichkeiten, was wäre mit dem Mensch als ganzheitliche, autonome Person?[91] Wenn die Neuronen denken, fühlen und entscheiden, wären sie auch schuldig für die Verbrechen, die begangen werden. Allein aus dieser Konsequenz muss man dem Vorhaben doch skeptisch gegenüber bleiben.

Für die Nicht-Reduktivität der Qualia wurden einige Gedankenexperimente und Argumente ins Feld geführt, die im Folgenden besprochen werden.

2.4.2.1 Wie ist es, eine Fledermaus zu sein?

Thomas Nagel versucht die Probleme des reduktiven Materialismus mit der Qualia und der Erste-Person-Perspektive an Hand einer Analogie zu verdeutlichen. Nagel geht davon aus, dass Fledermäuse genauso wie wir Menschen über ein inneres Erleben verfügen, also dass es irgendwie ist, eine Fledermaus zu sein. Der Sinnesapparat der Fledermaus kann dem unsrigen aber unterschiedlicher nicht sein. Man weiß, dass die meisten Fledermäuse die Außenwelt hauptsächlich via Echoortung bzw. Biosonar wahrnehmen. Dabei wird das von Objekten zurückhallende Echo ihrer hochfrequenten Ultraschallrufe erfasst. Das Gehirn der Fledermaus ist so aufgebaut, dass es den Schall-Output mit dem darauf folgenden Echo-Input korreliert. Auf diese Weise verfügt die Fledermaus über alle notwendigen Informationen bzgl. Entfernung, Größe, Form, Stoff und Bewegung, ähnlich der visuellen Wahrnehmung. Funktionell ist ihre Radarwahrnehmung mit unseren Sinnen aber nicht vergleichbar. Durch diese Fremdartigkeit scheint auch kein Grund für die Annahme zu bestehen, dass wir ein

---

[91] *Vgl. Thomas Metzinger: Grundkurs Philosophie des Geistes, Band 1: Phänomenales Bewusstsein. Paderborn 2006, S. 16-30*

subjektives Erleben oder auch nur eine Vorstellung aus unserer eigenen Erfahrung über die spezielle Wahrnehmungsweise der Fledermaus besitzen. Aber wie sollen wir dann herausfinden, wie es ist eine Fledermaus zu sein? Uns vorzustellen, dass wir Flughäute besitzen mit denen wir bei Dunkelheit herumfliegen, dass wir schlecht sehen und die Umwelt vermittels akustischer Hochfrequenzschreie wahrnehmen und tagsüber mit dem Kopf nach unten in irgendeiner Höhle hängen, verrät nur, wie es für mich wäre eine Fledermaus zu sein. Mein eigenes Bewusstsein kann nicht enträtseln, wie es für die Fledermaus ist, eine Fledermaus zu sein. Unsere Vorstellung von dem, wie es ist eine Fledermaus zu sein, bleibt daher zwingender Weise unvollständig. Der subjektive Charakter der Echolotung der Fledermaus bleibt uns verborgen und es besteht nicht einmal die Möglichkeit einen Begriff davon zu besitzen. Umgekehrt könnten sich auch intelligente Fledermäuse keinen Begriff davon machen, wie es ist, wir zu sein. Jedes Unterfangen dieser Art scheitert an der Subjektivität und Privatheit des Bewusstseins. Somit kann es auch keine vollständige neurologische Beschreibung des Mentalen geben. Die Erkenntnis bleibt bei der physikalischen Funktionsweise stehen.[92]

2.4.2.2 Argument des unvollständigen Wissens

Das erkenntnistheoretische Problem des Bewusstseins liegt in der epistemischen Asymmetrie begründet. Das Wissen über bewusstes Erleben ist wie kein zweites Phänomen in der Welt aus zwei Perspektiven zu erlangen, nämlich aus der Ersten- und der Dritten-Person-Perspektive. Frank Jackson verdeutlicht dies in seinem antimaterialistischen Argument des unvollständigen Wissens. Antimaterialistisch deshalb, weil es möglicherweise über einen Antireduktionismus hinausgehen würde, wenn das Wissen aus der Erste-Person-Perspektive den Status von Tatsachenwissen hätte. Dann müsste man nämlich nichtphysikalische Fakten postulieren und der Physikalismus wäre unvollständig bzw. schlichtweg falsch.[93] Die geniale Wissenschaftlerin Mary bewohnt, warum auch immer, zeitlebens einen schwarzweißen Raum und ist bei der Erforschung der Welt auf einen schwarzweiß Monitor angewiesen. Sie ist Spezialistin auf dem Gebiet der neurophysiologischen Farbwahrnehmung

---

[92] *Vgl. Thomas Nagel: What is it like tob e a bat? In: The Philosophical Review, LXXXIII. 1974, S. 435-450*

[93] *Vgl. Metzinger 2006, S. 81 f*

und erlernte alle physikalischen Informationen über das Gehirn und den Wahrnehmungsapparat, die z. B. bei der Betrachtung und Beschreibung einer roten Tomate von Nöten sind. Sie kennt die genaue Kombination im Wellenlängenspektrum des sichtbaren Lichts, den Weg von der Reizung der Retina über das zentralnervöse System hin zur Kontraktion der Stimmbänder und den Austritt der Luft bei der Feststellung „die Tomate ist rot". Ihr physikalisches Wissen scheint vollständig zu sein. Nun stelle man sich vor, Mary verlässt den schwarzweißen Raum oder erhält einen Farbmonitor. Wird sie etwas Neues lernen? Wird ihr Wissen erweitert? Es ist doch naheliegend diese Frage zu bejahen. Der visuelle Farbeindruck und das damit einhergehende qualitative Erlebnis einer roten Tomate ist in ihrem bisherigen physikalischen Wissen nicht enthalten gewesen. Dies lässt nur einen Schluss zu, nämlich, dass der Physikalismus unvollständig und letztlich falsch ist.[94]

Es sein nur angemerkt, dass Frank Jackson seiner nicht-reduktiven Einstellung abgeschworen hat und davon überzeugt ist, dass der Physikalismus doch eine vollständige Theorie ist und somit auch die Qualia reduktiv erklärt werden kann.

2.4.2.3 Die explanatorische Lücke

Neben der epistemischen Schwierigkeit hat der Materialismus bzw. die Neurowissenschaft auch ein begriffliches Problem beim Versuch Qualia mit strikten wissenschaftlichen Methoden zu explizieren. Joseph Levine hebt dies in seinem Argument der Erklärungslücke hervor. Das methodische Problem der Neurowissenschaft liegt in der „epistemischen Notwendigkeit" begründet. Um eine vollständige wissenschaftliche Erklärung zu liefern, muss die Hirnforschung bei der begrifflichen Reduktion der Qualia, diese zu einem notwendigen Phänomen machen können. Wissenschaften beziehen sich aber nur auf Funktionen und ihre kausale Rolle. Da unser Begriff von Röte aber auch ein qualitatives Erleben mit einschließt und aus den Gesetzen der Neurobiologie bis dato nicht folgt, dass irgendein möglicher Gehirnzustand eine Erlebnisqualität besitzen muss, kann eine physikalische Erklärung nicht vollständig

---

[94] *Vgl. Frank Jackson: Epiphenomenal Qualia. In: Philosophical Quarterly, Volume 32. 1982, S. 127-136*

explanatorisch sein. Und daher folgt für Levine, dass phänomenale Zustände nicht neuronal realisiert sind und der Materialismus falsch ist.[95]

2.4.2.4 Das einfache und schwierige Problem des Bewusstseins

Der Ausdruck „Bewusstsein" wird in vielerlei Hinsicht gebraucht und bringt eine Reihe von Problemen mit sich. David Chalmers unterscheidet daher in ein einfaches und ein schwieriges Problem des Bewusstseins. Das einfache Problem des Bewusstseins besteht in der Erklärung kognitiver Leistungen und Funktionen, wie z. B. der Verhaltenskontrolle, der Reizdiskrimination oder der Informationswiedergabe. Hat man den Mechanismus ausfindig gemacht, der die gesuchte kausale Rolle trägt, ist die Leistung hinreichend erklärt. Man kann davon ausgehen, dass die kausale Rolle von neuronalen Mechanismen ausgeführt wird. Die Untersuchung dieser Fähigkeiten ist sehr wichtig und es spricht nichts dagegen, dass sie irgendwann zu hundert Prozent neurobiologisch oder kognitionswissenschaftlich erklärt werden können. Es ist sich leicht vorzustellen, dass ein physikalisches System in genannter Weise bewusst ist. Das schwierige Problem des Bewusstseins bezieht sich auf das Nagelsche „wie es ist, zu sein", auf das phänomenale Erleben, die Qualia. Für David Chalmers steht außer Frage, dass auch phänomenales Erleben eng mit physischen Vorgängen, genauer mit Vorgängen im Gehirn, verknüpft ist. Alles deutet daraufhin, dass Qualia die Folge neuronaler Aktivität ist. Die große Frage ist, wie und warum bringen physische Vorgänge bewusstes Erleben hervor? Wieso bleiben diese neuronalen Zustände nicht im „Dunkeln" ohne von Bewusstsein begleitet zu sein? Das Schwierige ist, dass es nicht darum geht kognitive Leistungen zu erklären. Denn selbst nach vollständiger funktionaler Erklärung, bleibt offen, warum eine Leistung mit einem bewussten Erlebnis einhergeht. Diese Form des Bewusstseins lässt sich nicht so ohne weiteres in unser Konzept der physikalischen Welt eingliedern. Chalmers, als erklärter Anti-Reduktionist, konstatiert daher, dass wir entweder unser Verständnis der Welt ändern müssen oder unsere Auffassung vom Bewusstsein.[96]

---

[95] *Vgl. Metzinger 2006, S. 101 f*

[96] *Vgl. David Chalmers: Consciousness and its Place in Nature. In: Chalmers, David (Hg.): Philosophy of Mind: Classical and Contemporary Readings. New York 2002, S. 247-272*

2.4.3 Kritische Würdigung

Das moderne Leib-Seele-Problem ist durch eine tiefgreifende Auseinandersetzung mit dem Materialismus gekennzeichnet. Grundsätzlich scheint Einigkeit darüber zu bestehen, dass der Materialismus in irgendeiner Art und Weise seine Richtigkeit besitzt. Unterschiedlich ist nur, wie sein Verhältnis zum Mentalen dargestellt wird. Im eliminativen Materialismus wird gänzlich auf mentale Phänomene verzichtet. Der reduktive Materialist versucht die Ebene des Geistigen vollständig auf physikalischer Ebene erklärbar zu machen, indem er mentale Zustände mit physischen Zuständen gleichsetzt. Der nicht-reduktive Materialismus postuliert im Gegensatz dazu die Unmöglichkeit dieser Rückführung und versucht die Relationen zwischen physikalischen und mentalen Aktivitäten verständlich zu machen. Der Eigenschaftsdualismus hält auch am Primat des Materialismus fest, konstatiert aber auch die eigenständige Existenz mentaler Eigenschaften bzw. Zuständen.

Worin liegt es nun, dass auch die neueren Ansätze der Leib-Seele-Debatte das Problem nicht lösen? Der semantische Physikalismus scheitert u. a. an der nicht zirkelfreien Reduzierbarkeit mentaler Prädikate auf die physikalische Universalsprache und der Prämisse, dass die Identitätsbeziehung durch Synonymität gekennzeichnet sein muss. Die starke Identitätstheorie (Typ-Identität) löst das Leib-Seele-Problem nicht, weil sie mit der multiplen Realisierung unvereinbar ist. Die Identitätsbeziehung zwischen mentalen und physikalischen Zustandstypen müsste ein streng deterministisches Naturgesetz instanziieren, das eben empirisch nicht verifiziert werden kann. Eine Reduktion scheitert aber auch an der begrifflichen Inkompatibilität der beiden Beschreibungsebenen, was dazu führt, dass keine genaue Kausalkette beschreibbar ist und somit keine strikten psychophysischen Gesetze formuliert werden können. Außerdem muss der reduktive Materialist erklärbar machen, warum überhaupt an der Dualität von Prädikaten und Zuständen bzw. Eigenschaften festgehalten wird. Hierbei läuft er nämlich Gefahr seinen größten Verdienst, nämlich die Lösung für das Problem der mentalen Verursachung, wieder abzutreten. Der eliminative Materialismus ist diesbezüglich wesentlich konsequenter, aber auch höchst kontraintuitiv. Und inwiefern die eigene Theorie bei Eliminierung des gesamten mentalen Bereiches haltbar bleibt, ist auch sehr fragwürdig. Das wohl schwerwiegendste Argument gegen den eliminativen Materialismus, aber auch gegen jeden anderen reduktiven Ansatz, ist die Qualia. Denn selbst nach vollständiger funktionaler Erklärung mentaler Zustände, bleibt offen, warum eine derartige Leistung mit einem bewussten Erlebnis einhergeht. Es bleibt eine explanatorische Lücke, die nicht aus der Dritte-Person-Perspektive zu schließen ist. Phänomenales Erleben ist nur subjektiv zugänglich und somit irreduzibel. Joseph Levine (2001, S. 9 f) merkt diesbezüglich folgendes an:

„We have excellent reasons for thinking that mental phenomena, including conscious experience, must be a species of physical/natural phenomena. On the other hand, we also have excellent reasons for thinking conscious experience cannot be captured in physical/natural terms".[97]

Wenn die Qualia einen festen Bestandteil unserer Mentalität und schließlich unserer Wirklichkeit ausmacht, dann sind der eliminative und der reduktive Materialismus falsch. Handelt es sich sogar um nichtphysische Eigenschaften, muss die gesamte physikalische Theorie für unrichtig erklärt werden. Die Konsequenz wäre entweder ein nicht-reduktiver Materialismus oder der Eigenschaftsdualismus. Aber auch diesen stehen bei der Lösung des Leib-Seele-Problems gut begründete Argumente gegenüber. Um dem Problem der mentalen Verursachung zu entkommen und trotzdem einer Reduktion zu entgehen, postuliert der anomale Monismus, dass mentale Ereignisse kausale Wirksamkeit haben, aber nur indem sie identisch mit einzelnen physischen Ereignissen sind. Problematisch ist, dass es eine Erklärung dafür geben muss, warum ein bestimmtes physisches Einzelereignis unter einen bestimmten mentalen Ereignistyp fällt. Diese Erklärung impliziert aber eine psychophysische Relation, die erst recht wieder in eine Erklärungsnot hinausläuft. Wenn außerdem der mentalen Sphäre alle kausale Kraft abgesprochen wird, verkommt das Geistige doch zu einem Epiphänomen. In diesem Fall wäre man wieder mit dem Interaktionsproblem „von unten nach oben" konfrontiert. Auch bei der Supervenienz-Theorie verschärft sich die Problematik der mentalen Verursachung und der Reduktion viel eher, als das sie aufgelöst werden. Wenn nämlich jedes physisches Ereignis auch eine hinreichende physische Ursache hat, wozu noch eine mentale Verursachung annehmen? Konsequent weiter gedacht, muss die Supervenienz einen Rückschritt in den Reduktionismus antreten oder einen Eigenschaftsdualismus annehmen. Beim Eigenschaftsdua-

---

[97] *Vgl. Joseph Levine: Purple Haze. The Puzzle of Consciousness. Oxford 2001. S. 9 f*

lismus, wie der starken Emergenz-Theorie, wird ein kausales Verhältnis zwischen dem Mentalen und dem Physischen Bereich konstatiert. Dies ist wiederum unvereinbar mit der kausalen Geschlossenheit der physischen Welt bzw. mit dem Energieerhaltungsgesetz.

Das Leib-Seele-Problem scheint tatsächlich ein unlösbares Problem. Wenn man als Non-Reduktionist (aber auch als Eigenschaftsdualist) die kausale Geschlossenheit der physikalischen Welt akzeptiert, kann es niemals psychophysische Verursachung geben, denn die dafür verantwortlichen Interaktionsgesetze würden dem ja genau widersprechen. Daher muss man entweder den Antireduktionismus abschreiben, oder die psychophysische Kausalität bestreiten. Leugnet man Zweiteres, ist Mentales entweder inexistent, oder es muss eine vom physischen Bereich kausal unabhängige und eigenständige autonome Welt angenommen werden. Wenn das Mentale inexistent ist, landet man im eliminativen Materialismus, wenn das Mentale autonom unabhängig ist, fällt man in einen nicht interaktionistischen Dualismus zurück, der das Gegenteil einer materialistischen Position darstellt. Somit steht der nicht reduktive Materialismus auf sehr dünnem Eis.[98] Der reduktive und der eliminative Materialismus, aber auch der Funktionalismus, scheitern ihrerseits an der Qualia. Da stellt sich doch die berechtigte Frage ob der Materialismus, genauso wie der Dualismus, überhaupt in der Lage ist das Leib-Seele-Problem zu lösen?

Trotz der angesprochenen philosophischen Bedenken stärkt die Hirnforschung dem reduktiven Materialismus den Rücken und will in naher Zukunft alle mentalen Phänomene auf neuronaler Basis erklärbar machen und das Leib-Seele-Problem endgültig lösen. Singer spricht diesbezüglich sogar vom goldenen Zeitalter der Hirnforschung, welches tiefgreifende und möglicherweise folgenschwerere Veränderungen als die kopernikanische Wende oder die Evolutionstheorie mit sich bringen wird.[99]

---

[98] *Vgl. Kim 2007, S. 270*

[99] *Vgl. Singer 2002, S. 9-16*

3 Hirnforschung

Schon Aristoteles sah den Menschen als Naturwesen, als ein vernunftbegabtes Tier. Aber erst Darwin konkretisierte eine gemeinsame Stammesgeschichte aller Lebensformen, inklusive des Menschen. Was die humanspezifischen kognitiven und mentalen Fähigkeiten betrifft, war er der radikalen Auffassung, dass es sich nur um quantitative Unterschiede zum Tier handelt und nicht um qualitative Differenzen. Aber gerade der Geist stellt in vielen Kulturen das Alleinstellungsmerkmal des Menschen dar, welcher ihn vom Tier abgrenzt. Da die biologische Verwandtschaft zu den Tieren aber gerade so eng ist, stellt sich die Frage nach der Natur des Geistes auf besonders dringliche Weise.[100] Die enge Verbindung des Geistes mit dem Gehirn wird seit sehr langer Zeit medizinisch bestätigt, insbesondere anhand von Verletzungen des Gehirns, die von selektiven geistigen Funktionsausfällen begleitet sind. Läsionen im linken Stirnlappen führen zu Sprachstörungen und Verletzungen im Hinterhaupt- bzw. Schläfenlappen zu leichten Sehbeeinträchtigungen bis hin zu visuellen Agnosien, wie der Unfähigkeit Gesichter wieder zu erkennen. Eine Läsion in der Scheitellappenregion ist z. B. von Orientierungsstörungen oder von Problemen mit der Körperempfindung begleitet und schwere Verletzungen am Stirnhirn mit gravierenden Persönlichkeitsveränderungen. Die Liste dieser Zusammenhänge lässt sich innerhalb der Großhirnrinde noch stark erweitern, aber auch bei anderen Regionen des Gehirns lassen sich derartige Korrelationen feststellen. Verletzungen an der Amygdala sind mit schwerer Gefühlsarmut begleitet, oder auch mit der Unmöglichkeit Gefahren zu erkennen und adäquat auf diese zu reagieren. Es ist offensichtlich eine Tatsache, dass gewisse Zentren des Gehirns für die uns typischen kognitiven Funktionen unabdingbar sind. Neben der Zentrenlehre zählt die Neuronenlehre zu den erfolgreichsten Thesen der Hirnforschung. Der Durchbruch der Neuronenlehre verdankt sich dem Aufstieg gewisser elektronischer Techniken, wie der EEG (Elektroenzephalographie), MEG (Magnetenzephalographie) oder der fMRI (funktionale Kernspintomographie). Erstere haben eine hohe zeitliche, Letzteres eine hohe räumliche Auflösung. Mit diesen nicht invasiven Techniken ist es der Hirnforschung möglich auch die neuronalen Aktivitäten der höchsten geistigen Leistungen in den einzelnen Hirnregi-

---

[100] *Vgl. Gerhard Roth: Wie Einzigartig ist der Mensch? Heidelberg 2010, Einleitung S. XV f*

onen des Menschen zu registrieren.[101] Das menschliche Gehirn ist Teil des Zentralnervensystems und besteht vornehmlich aus Neuronen, die in einer hoch komplexen und stark vernetzten Architektur miteinander verbunden sind und gleicht auf erstaunliche Weise dem der Tiere. Nervenzellen sind elektrisch erregbar und kommunizieren mit anderen Neuronen mittels elektrischer und chemischer Signale.[102] Interessanterweise findet man derartige Nervensysteme bereits in den frühesten Evolutionsstadien bei wirbellosen Lebewesen. Die Charakteristik einer Nervenzelle, nämlich die Bildung von Dendritenbäumen als Informationsempfänger, und von Axonen als Sendebereich, wurde über Jahrmillionen konserviert und findet sich quasi unverändert in unserem Gehirn wieder. Ebenfalls fast gleich geblieben sind die biochemische Zusammensetzung der Neuronen und auch die chemischen Überträgersubstanzen mit denen Nervenzellen untereinander kommunizieren.[103] Die Kommunikation beschreibt Singer (2002, S. 63) folgendermaßen:

„In den Synapsen, den Kontakten zwischen Nervenzellen, wird durch Freisetzung einer chemischen Überträgersubstanz die elektrische Aktivität der sendenden Zelle in ein chemisches Signal umgesetzt, das dann seinerseits über Rezeptoren und gekoppelte Ionenkanäle in der nachgeschalteten Zelle wiederum elektrische Potentiale erzeugt.“

Trotz der gewaltigen Artenvielfalt, scheint bei der Hirnentwicklung Monotonie vorzuherrschen. Die Nervenzellen der Schnecke funktionieren auf die gleiche Weise wie die Neuronen der Großhirnrinde des Menschen. Klarerweise ist die Ähnlichkeit zwischen einzelnen Säugetiergehirnen noch viel frappierender. Den einzigen merklichen Unterschied macht die quantitative Volumenzunahme der Großhirnrinde (Cortex) aus. Wir haben einfach mehr Großhirnrinden-Neurone als alle anderen Tiere. Da liegt doch die Schlussfolgerung nahe alle dem Menschen eigentümlichen geistigen Leistungen auf diese quantitative Zunahme von Hirnrindenarealen zurückzuführen.[104] Die zuvor angesprochenen bildgebenden Verfahren untermauern die These, dass

---

[101] *Vgl. Roth 2007, S. 28 ff*

[102] *Vgl. Singer 2002, S. 13-30*

[103] *Vgl. „Ebd.“ 2002, S. 62 f*

[104] *Vgl. Singer 2007, S. 44 f*

auch die komplexesten mentalen Leistungen aufs Engste mit neuronaler Aktivität in der Großhirnrinde korrelieren. Und zwar nicht in der Weise, dass Parallelität zwischen neuronalen Prozess und mentalem Erleben herrscht, sondern, das Neuronale scheint dem Mentalen stets vorauszugehen, welches immense Konsequenzen auf unsere Vorstellung eines freien Willen und eines autonomen Geistes hätte.[105] Dieser Imagination eines autonomen Agenten im Gehirn, eines singulären Zentrums an der Spitze des Verarbeitungsturms, in dem sämtliche Informationen zusammenlaufen und von dem aus interpretiert wird, widersprechen zudem die Befunde der Hirnforschung, dass es ein derartiges Konvergenzzentrum gar nicht gibt. Unser Gehirn ist vielmehr stark distributiv organisiert, indem ankommende Signale parallel und entflechtet verarbeitet werden. Wie es zu einem kohärenten einzelnen repräsentierten Inhalt kommt, ist jedoch bislang unbekannt. Man spricht bei dieser Problematik vom so genannten Bindungsproblem.[106]

An dem philosophischen Diskurs um das moderne Leib-Seele-Problem beteiligen sich speziell im deutschsprachigen Raum die Hirnforscher Wolf Singer und Gerhard Roth. Singer gilt als Vertreter der radikal reduktionistischen Auslegung des Materialismus, welche die dominierende Ansicht in den Neurowissenschaften darstellt, während Roth diesbezüglich als etwas gemäßigter eingestuft wird.

3.1 Singers reduktionistische Emergenz

3.1.1 Emergenz

Die kognitiven Leistungen des Menschen basieren laut Singer auf neuronalen Prozessen und diese verdanken sich einem fortdauernden evolutionären Prozess, bei dem es keiner ontologischen Sprünge bedarf, um mentale Qualitäten hervorzubringen.[107] Jedoch sind die mentalen Leistungen nicht identisch mit neuronalen Prozessen, sondern emergente Eigenschaften neuronaler Aktivitäten und kausal auf diese reduzierbar.

---

[105] *Vgl. Roth 2007, S. 28 ff*

[106] *Vgl. Singer 2002, S. 31 f*

[107] *Vgl. Singer 2002, S. 60*

„Damit soll ausgedrückt werden, dass die kognitiven Funktionen mit den physikochemischen Interaktionen in den Nervennetzen nicht gleichzusetzen sind, aber dennoch kausal erklärbar aus diesen hervorgehen." (Singer 2007, S. 42)

Diese schwache Form der Emergenz (s. Kap. 2.4.1.5.1) gilt restlos für alle kognitiven Funktionen. Die technischen Fortschritte machen auch die höchsten kognitiven Fähigkeiten zu objektiv beobachtbaren Verhaltensleistungen und belegen die kausale Rückführbarkeit auf neuronale Mechanismen und Prozesse im Gehirn. Der Mensch verdankt alle diese Qualitäten der Evolution, welche die immense Leistungsfähigkeit unserer Gehirne hervorbrachte.[108]

Es sei vorerst nur angemerkt, dass Singer beim Phänomen (Selbst)Bewusstsein nicht mit der schwachen Auslegung der Emergenz zu Rande kommt.

Wie bereits gehört spielt die Großhirnrinde bei den humanspezifischen mentalen Leistungen scheinbar die tragende Rolle. Singer stellt sich hierbei die berechtigte Frage, wie die quantitative Zunahme eines Hirngewebes zur Emergenz mentaler Phänomene führen konnte? Die Großhirnrinde besteht aus mehreren Arealen, die unterschiedliche Aufgaben besitzen. Die zu erfüllende Aufgabe ergibt sich aus der Herkunft der zugeteilten Signale. Großhirnrindenareale im Hinterhauptlappen verarbeiten Signale von den Augen, Areale im Temporallappen solche des Gehörs, usw. Nun gibt es auch Areale des Cortex die sich hauptsächlich mit bereits verarbeiteten Signalen anderer Hirnrindenregionen beschäftigen, wie z. B. Rindenareale des Frontalhirns. Das Entscheidende hierbei ist, dass alle Areale des Cortex eine nahezu idente Struktur aufweisen. Folglich muss auch in den neueren Arealen derselbe Verarbeitungsalgorithmus zur Geltung kommen, da die Verschaltungsprinzipien offensichtlich im Laufe der Evolution nahezu gleich geblieben sind. Es muss sich um einen sehr mächtigen Code handeln, in Anbetracht der unterschiedlichen Verarbeitungsprobleme, die es zu lösen gilt. Denn trotz gleicher Feinstruktur übernehmen die einzelnen Areale ja komplett verschiedene Funktionen. Somit scheint ein und derselbe Verarbeitungs- bzw. Verschaltungscode auch für alle höheren kognitiven Leistungen verantwortlich zu sein und die Funktionen neuer Rindenareale müssen aus-

[108] *Vgl. Singer 2007, S. 41 f*

schließlich auf dem Verschaltungsmuster bzw. der spezifischen Vernetzung der Neurone beruhen. Die Struktur des Nervennetzes ist das Programm, Hardware und Software sind untrennbar mit einander verbunden. Bei primitiven Gehirnen gelangen die Informationen bzw. Signale auf relativ kurzem Weg von den primären sensorischen Arealen zu den motorischen Rindenarealen, wo die Reaktionen auf die Reizeingänge koordiniert werden. Durch diese Einfachheit besteht aber auch nur ein sehr eingeschränkter Pool an möglichen Reizantworten. Beim Menschen kommen weitere und neuere Cortex-Areale hinzu, die ihre Inputs nicht mehr von den Sinnesorganen direkt empfangen, sondern von den evolutionär älteren Hirnrindenregionen. Die stammesgeschichtlich jungen Areale verarbeiten somit das Ergebnis anderer Verarbeitungsprozesse und zwar programmtechnisch auf die gleiche Art und Weise, wie es die vorgeschalteten Areale bereits getan haben. Bemerkenswert ist darüber hinaus die immense Kommunikation der neueren Areale untereinander, welches zum Schluss führt, dass sich die Hirnrinde hauptsächlich mit sich selbst beschäftigt. Je komplexer ein Gehirn und die damit einhergehende iterative Anwendung auf sich selbst, desto höhere mentale Qualitäten emergieren. Wenn nämlich unterschiedliche Wahrnehmungsprozesse einer weiteren Analyse unterzogen werden und diese Analyseergebnisse wiederum untereinander verglichen und verrechnet werden und diese Ergebnisse in immer neueren Rindenarealen abstrakt kodiert sind, könnte man erahnen, wie auch das Phänomen des Bewusstseins in die Welt gekommen sein kann.[109] Der Gedanke dahinter ist, dass das Gehirn wie das ganze Leben ein selbstorganisierender und selbstreproduzierender Prozess ohne übergeordneter zentraler Instanz ist, welcher bei steigender Komplexität zu immer neuen emergenten Phänomenen führt. Die Großhirnrinde ist der Ort wo die Metarepräsentationen schleifenartig interne Prozesse abbilden und somit ein reicheres Verhaltensrepertoire entsteht. Die Iteration der Metarepräsentationen in neueren Rindenarealen könnte so zur Emergenz von koordiniertem Verhalten und sogar zu phänomenalen Bewusstsein führen.[110]

---

[109] *Vgl. Singer 2007, S. 45 f; vgl. Singer 2002, S. 63 f*

[110] *Vgl. Hans-Peter Krüger: Das Hirn im Kontext exzentrischer Positionierungen. In: Krüger, Hans-Peter (Hg.): Hirn als Subjekt. Berlin 2007, S. 67-80*

3.1.2 Das Bindungsproblem

Das klingt ja alles gut und schön. Aber wer schaut sich letztendlich diese Metarepräsentationen an und wo liegt die alles verbindende Instanz, die einem Ich gleich kommen würde? Intuitiv würde man sagen, dass es im Gehirn ein übergeordnetes Zentrum geben müsse, indem alle Signale konvergieren und eine einheitliche Interpretation entsteht. Jeder der seiner Intuition glauben schenkt, nimmt einen derartigen Ort an, wo geplant, koordiniert und entschieden wird. Darin stimmen sogar der Dualist und der Monist in gewisser Weise überein. Was im Dualismus der mit Mentalität ausgestattete Homunkulus ist, ist dem Monist ein hierarchisch geordnetes materielles Prinzip.[111] Wie bereits kurz angesprochen erweist sich diese Intuition als komplett falsch.

„Es gibt keine Kommandozentrale, in der entschieden werden könnte, in der das „Ich" sich konstituieren könnte. Hochentwickelte Wirbeltiergehirne stellen sich vielmehr als hochvernetzte, distributiv organisierte Systeme dar, in denen eine riesige Zahl von Operationen gleichzeitig ablaufen. Diese parallelen Prozesse organisieren sich, ohne eines singulären Konvergenzzentrums zu bedürfen, und führen in ihrer Gesamtheit zu kohärenten Wahrnehmungen und koordinierten Verhalten."(Singer 2007, S. 47)

Da es nun keine Agenten an der Spitze gibt, müssen nach Singer koordiniertes Verhalten und einheitliche Wahrnehmung als emergente Phänomene eines Selbstorganisationsprozesses interpretiert werden. Für Singer besteht hierbei nur die Frage wie diese Bindung gleichzeitig distributiv ablaufender Prozesse bzw. (Meta-) Repräsentationen zu einem kohärenten Ergebnis funktioniert und wie sich dieses System seiner selbst bewusst werden kann? Das klassische Konzept beantwortete diese Frage mit Bindungsneuronen, so etwas wie Superneuronen, die an der Spitze der Verarbeitungskette stehen und je ein Wahrnehmungsobjekt repräsentieren. Derartige Neuronen ließen sich aber nicht auffinden. In Anbetracht der verschiedenen Lagen eines Objekts im Raum, wäre auch eine immense Zahl an Bindungsneuronen notwendig, geschweige denn aller noch unbekannten Objekte. Um dies zu umgehen wird vorgeschlagen die Bindung nicht an einzelnen Neuronen fest zu machen, sondern ganze

---

[111] *Vgl. Singer 2002, S. 65*

Ensembles von Neuronen mit der Repräsentation von Inhalten zu betrauen. Das bedeutet, ein und dieselbe Nervenzelle kann zu mehreren Zeitpunkten an der Darstellung ganz verschiedener Objekte beteiligt sein. Hiermit ist aber das Bindungsproblem noch lange nicht gelöst. Da sehr viele Neuronen gleichzeitig „feuern“ ist unklar, welche davon gerade an der Repräsentation eines Gegenstandes beteiligt sind. Singer favorisiert daher die Vorstellung, dass die Aktivität der Ensembles, die ein Objekt repräsentieren, mittels zeitlicher Oszillation synchronisiert wird. [112]

3.1.3 Bewusstsein

Da für Singer nun klar ist wie die Welt im Gehirn repräsentiert und zu kohärenten Wahrnehmungen gebunden wird, ist zu klären, wie wir uns dieser Vorgänge bewusst werden können. Die Antwort liegt in der weiter oben erwähnten iterativen Anwendung auf sich selbst begründet. Die verarbeiteten Sinnessignale der evolutionär älteren Areale werden einer Reflexion unterzogen und zwar mit demselben Verarbeitungsalgorithmus. So entstehen Metarepräsentationen, die interne Prozesse abbilden. Dafür sprechen Auswertungen von funktionellen Kernspintomographen, die belegen, dass speziell die höheren Rindenareale aktiv sind, wenn sich ein Proband ein visuelles Objekt lediglich vorstellt oder in Gedanken mit sich selbst spricht. Wahrnehmen, egal ob von außen oder von innen, ist dabei kein passiver Akt des Gehirns, sondern ein aktiv konstruktivistischer.[113] Dies ist seit dem Scheitern des Behaviorismus gewiss, der das Gehirn als reine Reizbeantwortungsmaschine ansah, welche nur aktiv wird, wenn sie von außen erregt wird.[114] Die Initiative liegt vielmehr beim Gehirn, welches konstruktiv die Welt erschafft. Das Bewusstsein, das „innere Auge“ ist in den neueren Arealen der Großhirnrinde mittels Metarepräsentationen realisiert, welche auf hirninterne Vorgänge gerichtet sind, genauso wie vorgeschaltete Areale auf die Umwelt. Das Sich-Gewahr-Werden seiner eigenen Wahrnehmungen ist ein aktiver Vorgang der Großhirnrinde, die das neuronale Substrat des Bewusstseins bildet. Die Frage warum dieses neuronale Geschehen subjektiv konnotiert ist, kann Singer genauso

---

[112] *Vgl. Singer 2002, S. 68-70*

[113] *Vgl. „Ebd.“, S. 71 f*

[114] *Vgl. „Ebd.“, S. 26*

wie die Frage, warum wir uns trotz der durchgängig determinierten neuronalen Aktivität als autonome frei handelnde Agenten fühlen, nur mittels ungeprüfter Hypothesen zu beantworten versuchen.[115]

3.1.4 Selbstbewusstsein

Die Frage nach der Subjektivität, dem Ichbewusstsein bzw. der Qualia kann Singer nicht mehr ausschließlich mit einem neurobiologischen Beschreibungssystem erklären. Das liegt daran, dass die Hirnforschung sich nur auf einzelne Gehirne bezieht. Die bewusste Erfahrung ein autonomes Subjekt zu sein ist ein kulturelles Produkt bzw. eine soziale Zuschreibung, die aus der Interaktion der Gehirne entspringt. Diese Konstrukte wurden im Laufe der kulturellen Evolution, die ihrerseits aus der natürlichen Evolution emergierte, entwickelt. Grundlage sind Gehirne, die einerseits die Fähigkeit haben, ein inneres Auge zu besitzen, also Metarepräsentationen zu bilden und deren Inhalt auch sprachlich mitzuteilen und anderseits eine Theorie des Geistes aufstellen zu können. Der frühkindliche Dialog zwischen Kind und Bezugsperson vermittelt dem Zögling ein freihandelndes, autonomes und selbstverantwortliches Ich zu sein, welches für seine Entscheidungen belohnt oder bestraft werden kann. Dies vermittelt das Gefühl, dass man auch anders handeln könnte, wenn man es nur wollte. Wichtig hierbei ist, dass in dieser Phase noch kein episodisches Gedächtnis beim Kind ausgebildet ist, welches ermöglicht, Erlebtes in einen Raum-Zeit-Bezug zu stellen und somit den vollständigen Kontext des Lernvorgangs zu erinnern. Genau diese frühkindliche Amnesie könnte ausschlaggebend dafür sein, warum das Ichbewusstsein als so unmittelbar, immer dagewesen und als qualitativ anders empfunden wird. Die sprachliche Komponente dialogfähiger Gehirne spielt besonders in der Theorie des Geistes eine sehr wichtige Rolle, die die Form von „Ich weiß, dass du weißt, dass ich weiß“ aufweist. Die Fähigkeit sich in andere hinein zu versetzen ist für Singer eine Grundlage sich als autonom handelndes Selbst zu empfinden. Die Möglichkeit zur Bildung einer Theorie des Geistes und der Sprache waren die Basis für das Entstehen ausdifferenzierter Kommunikationsprozesse, welche zu den hu-

---

[115] *Vgl. Singer 2007, S. 48; Vgl. Singer 2002, S. 71*

manspezifischen Kulturen führte und letztlich zur Emergenz des subjektiven Ichererlebnisses, der Qualia.[116]

Eine weitere Voraussetzung um sich aus der Ersten-Person-Perspektive als freier Agent zu erleben ist die Parallelität von bewussten und unbewussten Handlungsdeterminanten. Vieles spricht dafür, dass Bewusstsein auf die Großhirnrinde zurückzuführen ist. Aber auch hierbei führt nur ein sehr geringer Prozentsatz der Erregungsmuster zu einem bewussten Erlebnis. Dieser Prozentsatz dürfte an die „Aufmerksamkeit" gekoppelt sein, die bestimmten Objekten geschenkt wird. Die Aufmerksamkeit sorgt für die notwendige Kohärenz an neuronaler Oszillation in den beteiligten Hirnrindenregionen. Hier laufen bereits unzählige vorgelagerte unbewusste Verarbeitungsprozesse ab, die offensichtlich die Basis für einen bewussten Inhalt sind. Sowohl die unbewussten Prozesse, als auch die bewussten Aspekte hinterlassen Spuren im Gedächtnis und determinieren zukünftige Handlungen, aber nur Zweitere werden im deklarativen Gedächtnis gespeichert und können als rationale Begründung für unsere Tätigkeiten herangezogen werden. Dies gibt uns das Gefühl frei und autonom zu entscheiden und zu handeln.[117]

3.1.5 Freie und unfreie Entscheidungen

Bewusste Phänomene sind offensichtlich nur die Resultate einer Vielzahl von vorgelagerten unbewussten neuronalen Abläufen. Somit bleibt

„[…] die Erfahrung, frei zu sein, widerspruchsfrei, weil wir uns der Aktivitäten nicht gewahr werden, welche die Entscheidungen vorbereiten und zu anderen Lösungen hätten führen können. Die meisten der Strebungen und Motive, die uns letztlich dazu gebracht haben, etwas Bestimmtes und nichts anderes zu tun, bleiben uns verborgen. Wir nehmen oft nur das Ergebnis solcher hirninternen Abwägungsprozesse wahr, schreiben uns dies dann im Moment der Bewusstwerdung als Ergebnis unserer „freien" Entscheidung zu, […]." (Singer 2007, S. 50)

---

[116] *Vgl. Singer 2002, S. 73-76*

[117] *Vgl. Singer 2007, S. 48 f*

Weil Unbewusstes nun mal „unbewusst" ist, können wir es nicht wahrnehmen und somit entsteht auch kein Widerspruch zwischen der Determiniertheit aller unserer Entscheidungen und dem Gefühl frei und unverursacht zu sein. Da wir wissen, dass alles eine Ursache haben muss, wird dem Wollen die Rolle des Auslösers der bewusst gewordenen Entscheidungen zugetragen. Hierbei übergehen wir einfach die Tatsache, dass auch das Wollen konsequenterweise verursacht sein müsste und wägen uns als frei in unserem Tun und Handeln. In Wirklichkeit aber, ist Entscheidungsfreiheit nichts als eine Illusion. Verantwortlich fühlen wir uns nur für Akte, die der vermeintlichen Freiheit entspringen. Aus Sicht des Gehirns ist das jedoch unrichtig. Denn der Unterschied zwischen einem freien und unfreien Akt, besteht nur mit dem einhergehenden Grad des Bewusstseins der Motive. Wir glauben, dass die bewussten Motive auch einer bewussten Deliberation unterzogen werden können, obwohl diese genauso durch neuronale Aktivität vorbereitet werden und denselben deterministischen Gesetzen unterliegen, wie unfreie Akte. Den einzigen Unterschied machen die Variablen aus, die dem Entscheidungsprozess zu Grunde liegen. Diese scheinen abstrakterer und komplexerer Natur zu sein als bei unbewussten Abwägungen. Singer sieht den Grund hierfür in der sprachlichen Erfassung der bewussten Entscheidungen verwurzelt. Die Intuition, dass eine unabhängige übergeordnete Instanz dem neuronalen Geschehen vorangeht, Dinge bewusst macht und Entscheidungen trifft und danach handelt ist neurologisch genauso unplausibel wie die Vorstellung das Gehirn selbst könne freie Entscheidungen treffen.[118]

3.1.6 Von der Ersten- zur Dritten-Person-Perspektive

Vor noch gar nicht so langer Zeit war sich der Mensch sicher, dass die belebte und die unbelebte Natur zwei wesensverschiedene Phänomene sein müssen. Dies galt bis die Geophysik, Molekularbiologie und Thermodynamik veranschaulich machen konnten, wie aus selbstorganisierenden Molekularaggregaten Leben entstehen kann. Wenn die Naturwissenschaft für diesen Phasenübergang keinen ontologischen Sprung bzw. eines immateriellen Agenten bedarf, warum sollte dies nicht auch für die Grenze zwischen lebender Materie und Geist gelten? Singer meint hier den Phasen-

---

[118] *Vgl. Singer 2007, S. 50-55*

übergang zum homo sapiens sapiens und mit ihm einhergehend alle mentalen und sozio-kulturellen Phänomene, die sich allesamt einem kontinuierlichen evolutionären Prozess verdanken.[119] Trotzdem wird die Grenze zwischen der Dritten- und Ersten-Person-Perspektive, aber gemeinhin wie folgend verstanden:

„Diese Grenze zwischen Materie und Geist, [...], trenne Seinsbereiche, die einer voneinander völlig unabhängigen Beschreibung bedürfen, in denen verschiedene Regeln gelten und zwischen denen jedwede Brückentheorien ausgeschlossen sind. Phänomene, die ihre Realität ausschließlich subjektiver Erfahrung verdanken, [...], aber auch all die sozialen Realitäten, die aus der Interaktion sich gegenseitig beobachtenden Menschen entstehen, wie Wertesysteme, Kulte, Religionen und Kulturen entzögen sich auf immer dem Zugriff naturwissenschaftlicher Erklärungsversuche." (Singer 2002, S. 176)

Dem zu Folge sind die Grenzen zwischen den Natur- und Kulturwissenschaften unüberwindbar. Nun machen aber naturwissenschaftliche Erkenntnisse nachvollziehbar, wie aus sehr komplexen Gefügen in Phasenübergängen neue Qualitäten entstehen können. Diese Qualitäten scheinen auf den ersten Blick nicht besonders viele Gemeinsamkeiten mit den Prozessen zu haben, die sie hervorbringen. Für Singer sind dies auch grundsätzlich andersartige Qualitäten, weshalb wir sie auch ohne große Reflexion anderen Kategorien zugeteilt haben und sie in einem eigenen Beschreibungssystem erfassen. Aber alles spricht dafür auch diesen Phasenübergang, wie den vom Toten zum Lebenden, in einem einheitlichen Beschreibungssystem mittels geeigneter Brückentheorien zu verbinden und zwar mit Brückentheorien der Hirnforschung. Eine derartige Reduktion erlaubt es der Hirnforschung das Leib-Seele-Problem in der eigenen Disziplin zu thematisieren und eventuell sogar zu lösen.[120] Den neurologischen Erkenntnissen zu Folge lassen sich auch psychische Phänomene auf Mechanismen zurückführen, die sich in den Neuronen und zwischen ihnen abspielen. Dieses materielle Substrat ist ein höchst komplexes System und stimmt mit der Komplexität der hervorgebrachten mentalen Fähigkeiten überein. Singer akzeptiert, dass sowohl die Geisteswissenschaften als auch die Naturwissen-

---

[119] *Vgl. Singer 2002, S. 175 f*

[120] *Vgl. „Ebd.", S. 177*

schaften stets nur in ihren Beschreibungssystemen Gültigkeit besitzen. Etwas ist dann wahr, wenn es widerspruchsfrei innerhalb der Grenzen des jeweiligen Wissensterrains bleibt. Alle unsere Theorien sind jedoch Erfahrungsbeschreibungen, die erst mit hoch komplexen eigenaktiven Gehirnen entstanden sind, welche ihrerseits synthetisch unsere Weltbilder konstruieren. Erkennt man diese Umstände an, so Singer, ist eine Reduktion nicht unmöglich. Mentale Phänomene und neuronale Prozesse spiegeln nur zwei Beschreibungssysteme für voneinander unterscheidbare, aber nicht voneinander verschiedene Objekte wieder. Als Beispiel könnte man die verschiedenen Blickwinkel auf ein und denselben Gegenstand heranziehen. Warum sollten sich daher die beschriebenen Ansichten nicht in Relation setzen lassen. Reduktion wäre dann nur das, was für die Herstellung des Bezugs verantwortlich ist. So konnte man zum Beispiel zeigen, dass mittels geeigneter Brückengesetze sich die klassische Thermodynamik auf die statistische Mechanik reduzieren lässt. Der Begriff des Druckes wird in zwei verschiedenen Beschreibungssystemen anders definiert. Die klassische Thermodynamik formuliert den Druck eines Gases in Abhängigkeit von der Temperatur und die statistische Mechanik in Abhängigkeit der Bewegung der Moleküle im Gas.[121]

„Hierbei wird dann deutlich, daß das Phänomen Temperatur auch als die mittlere kinetische Energie der im Gas enthaltenen Moleküle beschreibbar ist.“ (Singer 2002, S. 41)

In genau diesem Sinne soll auch die Reduktion des Mentalen auf das Neuronale von statten gehen. Es handelt sich um nichts anderes, als Phänomene aus unterschiedlichen Beschreibungssystemen mit Brückentheorien zu verbinden. Dies würde den so lang erhofften Brückenschlag zwischen Geistes- und Naturwissenschaften endlich ermöglichen.[122] Hierfür müssen die Prozesse verstanden werden, die den Phasenübergang vom Physikalischen zum Mentalen zu Grunde liegen. In einem weiteren Schritt werden dann Metatheorien aufgestellt, die die zwei Beschreibungsebenen jenseits der Grenze miteinander verbinden. Singer gesteht in diesem Unterfangen Fehler und unrichtige Verallgemeinerungen ein. Einer dieser Fehlinterpretationen ist

---

[121] *Vgl. Singer 2002, S. 39 ff*

[122] *Vgl. „Ebd.", S. 41 f*

aus dem Wissen über die Determiniertheit des Verhaltens eine naturwissenschaftliche Ethik zu deduzieren.[123]

„Solche Unternehmungen verkennen das Wesen von Phasenübergängen in komplexen Systemen. Auch wenn der Übergang nachvollziehbar geworden ist, bedeutet dies noch lange nicht, daß die neuen Phänomene samt und sonders mit den alten Beschreibungssystemen erfaßbar sind und den gleichen Gesetzen folgen wie die Prozesse, die das Neue hervorbringen. Es wäre verfehlt, wollte man versuchen, das System der Beschreibung der emergenten Phänomene durch das System der hervorbringenden Prozesse zu ersetzen." (Singer 2002, S. 179)

Fragt sich nur welches Brückengesetz diese Verbindungsleistung realisieren kann? Bei Phänomenen, die Chalmers unter dem leichten Problem des Bewusstseins zusammenfasst, ist eine Reduktion ja noch denkbar. Aber Erscheinungen wie Qualia oder Selbstbewusstsein sprengen diesen Rahmen, da sie auf der zu Grunde liegenden Ebene nicht mehr erklärbar sind. Die Steigerung der Komplexität in der Großhirnrinde zu Metarepräsentationen alleine, ist keine ausreichende Erklärung für diese mentalen subjektiven Realitäten. Singer versucht daher, wie weiter oben angesprochen, diese Formen der Geistigkeit als soziale Phänomene zu deklarieren. Wenn man Singers Gedanken aber konsequent durchdenkt und eine vollständige Reduktion aller mentalen Phänomene doch nicht so ohne weiteres möglich ist, dann muss er bei emergenten Phänomenen, wie der Qualia oder dem Selbstbewusstsein, von der schwachen Auslegung der Emergenz zu einer starken Ausformulierung wechseln. Da nun die hervorbringenden Gesetze nicht mehr ausreichen um die hervorgebrachte Ebene zu erklären oder vorauszusagen kann das Primat der deterministisch materialistischen Naturwissenschaften nicht aufrechterhalten bleiben. In weiterer Folge besteht auf der neuen Ebene, der mentalen Ebene, ein gewisser Grad an Eigengesetzlichkeit, der eine Verletzung der kausalen Geschlossenheit der physikalischen Welt bedeutet.

Um den Brückenschlag zwischen Erster- und Dritter-Person-Perspektive bzw. Natur- und Kulturwissenschaften trotzdem zu schaffen, müssen, so Singer, Metasprachen

---

[123] *Vgl. Singer 2002, S. 178 f*

entwickelt werden, um den neuen Bezügen zwischen den Phänomenreihen gerecht zu werden.[124]

3.2 Gerhard Roth und der menschliche Geist

Im Gegensatz zu Wolf Singer gilt Roth generell als etwas weniger reduktionistisch. Roth stimmt selbstverständlich mit Singer überein, dass die Welt im Gehirn entsteht, da dieses konstruktiv unsere Welt erschafft. Neben allen sinnlichen Wahrnehmungen, ist auch die Empfindung einen Körper zu haben und ein Ich zu sein, welches in ihm steckt, ein Konstrukt des Gehirns.[125] Nach allgemeiner Ansicht unterscheidet sich der Mensch vom Tier insbesondere durch Geist bzw. Bewusstsein und Sprache. Die Hirnforschung legt nahe, dass es „das Bewusstsein" als solches aber gar nicht gibt. Vielmehr existieren Bündel von Zuständen, denen gemeinsam ist, bewusst und unmittelbar erlebt zu werden, sowie sprachlich berichtet werden zu können. Der Sitz des Bewusstseins ist die Großhirnrinde, welches eindrucksvoll von bildgebenden Verfahren belegt wird. Auf die quantitative Vermehrung des Cortex sind anscheinend alle humanspezifischen Fähigkeiten zurückzuführen. Im Zentrum der Diskussion steht, ob neben der quantitativen Zunahme noch eine qualitative stattgefunden hat. Die Lösung des Leib-Seele-Problems scheint unmittelbar mit dieser Frage verbunden zu sein. Man weiß sehr genau welche Areale im Gehirn bei Bewusstseinszuständen aktiv sind und man versteht die zu Grunde liegenden zellulären und molekularen Vorgänge. Aber was und wie das Zusammenspiel der Milliarden von Neuronen funktioniert damit Bewusstsein entsteht, ist unklar.[126] Hier fehlen die technischen Mittel, die Auflösung der Verfahren ist zu gering, um die raumzeitlichen Aktivitätsmuster einzelner Nervenzellen zu registrieren.[127] Auch die theoretischen Modelle sind unzureichend, die das Entstehen von bewussten Zuständen aus der neuronalen Aktivität erklärbar machen könnten. Anderseits gibt es aber keine Hinweise aus der Dritten-Person-Perspektive, dass es irgendwelche Vorgänge im Gehirn gibt, die nicht den

---

[124] *Vgl. Singer 2002. S. 179*

[125] *Vgl. Gerhard Roth: Aus Sicht des Gehirns. Frankfurt 2003, S. 47 f*

[126] *Vgl. Roth 2003, S. 122-135*

[127] *Vgl. Singer 2002, S. 30*

deterministischen Naturgesetzen folgen. Nun kann man aber diejenigen bewussten Zustände, welche einen qualitativen Charakter aufweisen, nicht einfach ausblenden. Viele Naturwissenschaftler weisen jedoch darauf hin, dass die Qualia nur einen sehr kleinen Ausschnitt des Bewusstseins betrifft und eine Beschränkung auf diesen subjektiven Teilaspekt nicht erschöpfend ist. Dies zeigt sich u. a. daran, dass es einen mächtigen Unterschied ausmacht, ob etwas bewusst oder unbewusst geschieht. Man muss sich z. B. bewusst auf ein komplexes Thema konzentrieren, sei es ein schwieriger Satz oder Bewegungsablauf, um es zu erlernen. Und diese Bedeutung von Bewusstsein lässt sich empirisch von außen problemlos beobachten.[128] Roth sieht in diesem Hinweis aber viel mehr eine Widerlegung des Epiphänomenalismus, denn scheinbar:

„[...] müssen wir davon ausgehen, dass es das Merkmal bestimmter Zustände der Hirnrinde ist, bewusst erlebt zu werden, und dass sie in dieser Weise kausal wirksam sind. Bewusstsein ist in diesem Sinne ein physikalisch-physiologischer Zustand, wenn auch ein ganz einzigartiger." (Roth 2003, S. 136)

Das klingt fast so als wäre Roth anomaler Monist, da er oben feststellte, dass alles im Gehirn deterministischen Naturgesetzen folgt und das Bewusste kausal wirksam ist, weil es ein „einzigartiger" physiologischer Zustand ist. Dies würde ihn eindeutig zu einem nicht reduktiven Hirnforscher machen.[129] Fragt sich nur wieso man die Einzigartigkeit dieses physiologischen Zustandes bis jetzt nicht neurobiologisch genauer erklären kann, wo man doch genau weiß, dass bei Aufmerksamkeit ganz andere Zentren aktiv sind, als bei neuronalen Vorgängen ohne Aufmerksamkeit? Sind es wirklich nur die fehlenden technischen Mittel?

Roth kann sich mit einer gewissen Erklärungslücke für qualitative Bewusstseinszustände zufrieden geben. Auch die mentale Beschreibungsebene muss nicht zwingend in eine Neurobiologische übersetzt bzw. zurückgeführt werden. Er bleibt deshalb so vorsichtig, da ein radikaler materialistischer Reduktionismus nur dann ge-

---

[128] *Vgl. Roth 2003, S. 135 f*

[129] *Vgl. Gerhard Roth: Gehirn, Gründe und Ursachen. In: Krüger, Hans-Peter (Hg.): Hirn als Subjekt? Berlin 2007, S. 181 f*

rechtfertigt ist, wenn man aus dem Wissen über die physiologischen Determinanten alle mentalen Phänomenen verlässlich vorhersagen kann. Da dies an dem qualitativen subjektiven Erlebnisgehalt, an der Qualia, bis dato scheitert, will sich Roth nicht einer voreiligen Reduktion schuldig machen. Aber die kausale Wirksamkeit der einzigartigen „mental-physiologischen" Zustände schränkt Roth auf die „semantisch tiefen" ein. Der bewusste Willensakt ist alles andere als die kausale Ursache unserer Handlungen. Dem geht nämlich ein unbewusstes Bereitschaftspotenzial voraus, welches die Handlung vollständig determiniert. Wir schreiben uns aus „Verlegenheit" die Handlung nachträglich zu. Für ihn ist es korrekt zu sagen, dass das Gehirn allein die Entscheidungen trifft, Willensfreiheit ist eine Illusion.[130]

Das impliziert eine Unterscheidung von bewussten Vorgängen. Solche, die an semantisch schwierigeren Informationsverarbeitungen mit fokussierter Aufmerksamkeit beteiligt sind und daher kausale Wirksamkeit besitzen und solche die das nicht sind und daher kausal unwirksam, aber dennoch bewusst sind. Nun fragt man sich doch erstens, was sind diese Zweiteren dann anderes als Epiphänomene. Und zweitens gibt es doch wohl Entscheidungsprozesse, bei denen man sich ebenso genau konzentrieren und fokussieren muss, wie beim Verstehen eines Satzes, oder Erlernen eines neuen Bewegungsablaufs.

Für die Unterscheidung von willentlichen Akten von z. B. Habermas in Gründen und Ursachen hat Roth folgende Erklärung parat:

„Gründe wären danach der „innere", erlebte Aspekt, Ursachen der „äußere" neurophysiologische Aspekt eines umfassenden Dritten, das ganz offenbar deterministisch abläuft, uns aber grundlegend verschlossen ist." (Roth 2007, S. 36)

Man könnte die Differenz aber auch unter einem sozialen Aspekt der Legitimation gegenüber Dritten sehen. Insofern würden wir aus Ursachen handeln, aber uns mit Gründen erklären.[131] Roth sieht den Perspektiven-Dualismus von Habermas in der falschen und einengenden Auslegung von „Gehirnprozessen" begründet. Dies ist

---

[130] *Vgl. Roth 2007, S. 31-36*

[131] *Vgl. „Ebd.", S. 37*

auch der Grund warum gegen den Reduktionismus so verbittert angekämpft wird. Prozesse im Gehirn sind eben nicht nur elektrophysiologisch-neurochemische Vorgänge. Das Feuern eines Neurons kann viele Ursachen haben und hat für sich allein daher keine Bedeutung. Damit ist eine Reduktion der Funktion bzw. Bedeutung neuronaler Regsamkeit ausschließlich auf diese neuronalen Prozesse gar nicht möglich.[132]

„Diese wäre dasselbe, als wolle man ein Gedicht von Goethe auf seine Druckbuchstaben [...] reduzieren." (Roth 2007, S. 174)

Das Gehirn macht nämlich weitaus mehr als nur elektrochemische Aktivitäten zu verarbeiten, es erzeugt Verhalten. Die Aufgabe der Neurobiologie ist es daher, die Bedeutungen und Funktionen neuronaler Aktivität zu erklären und dies geschieht nur, wenn man sie in Verbindung mit Verhaltensweisen bzw. subjektiven Erlebnissen und Äußerungen bringt. Nur auf diese Weise kann man nachvollziehen, warum ein bestimmtes Hirnareal eine bestimmte Funktion besitzt. Hirnprozesse sind somit auch bedeutungshafte Prozesse, welches sich auch durch die Plastizität des Gehirns nachweisen lässt. Genetische Dispositionen, frühkindliche Erfahrungen, aber auch Umwelteinwirkungen und soziale Erlebnisse verändern die Netzwerkstruktur des Gehirns und dies ist empirisch beobachtbar. Roth meint, die Reduktionsdebatte müsste angesichts dieser Tatsachen anders ausfallen. Indem er nämlich dem Neuronalen auch eine Bedeutungsebene hinzufügt, werden eben nicht mehr nur die rein physiologischen Vorgänge berücksichtigt, wie es beim „klassischen Reduktionismus" fälschlicher Weise geschieht. Roth versteht unter der Bedeutungsebene die humanspezifischen Phänomene des inneren Erlebens, der Qualia.[133]

Roth meint, dass die Phänomenreihen nicht gegenseitig ersetzt werden können, erklärt aber die neuronale Seite als die kausal Primäre. Hieraus ergeben sich widersprüchliche Aussagen, die im einen Fall als nicht-reduktiver Physikalismus gedeutet werden können, im anderen Fall aber dazu führen, dass neuronale Vorgänge zum Subjekt der Verhaltenssteuerung werden und Verhalten selbst zu einer Begleiter-

---

[132] *Vgl. Roth 2007, S. 171-174*

[133] *Vgl. „Ebd.", S. 175-178*

scheinung verkommt.[134] So kommt es zu kontroversen Aussagen bei Roth wie z. B., dass Verhaltensfunktion und Bedeutung einerseits nicht auf ihre neuronalen Grundlagen zu reduzieren sind, da sie nur in einem Aktivitäts- bzw. Erlebenskontext erklärbar werden, aber anderseits wird die Bedeutungsebene dann doch wieder ins neuronale verschoben, wenn er meint, dass Hirnprozesse bedeutungshafte Prozesse sind.

Die Widersprüchlichkeit bei Roth geht aber noch weiter. Er ist davon überzeugt, dass seine Position mit der Eigengesetzlichkeit des Mentalen vereinbar ist. Hierfür greift er, wie Singer, auf einen starken Emergenzbegriff zurück, bei dem es nicht notwendig ist, alle Gesetze der höherstehenden Ebene, aus der niedrigeren abzuleiten.[135]

„Für jedes System gilt, dass der Grad der Eigengesetzlichkeit umso stärker ist, je komplexer die Eigenschaften der Komponenten und je komplexer ihre Interaktionsweisen sind.“ (Roth 2007, S. 182)

Mit dieser Ansicht muss er auch die Existenz psychophysischer Gesetze akzeptieren, welches erstens seinem zuvor vertretenen anomalen Monismus widerspricht und zweitens seiner naturwissenschaftlichen Grundposition den Boden unter den Füssen entreißt, da die kausale Geschlossenheit der physikalischen Welt verletzt und dem Determinismus ein Ende gesetzt wird.[136]

3.3 Kritische Würdigung

Es steht außer Frage, dass Mentalität eng an neurologische Prozesse geknüpft ist. Kein vernünftiger Mensch würde dies heute noch bestreiten. Aber wie es genau um das Verhältnis zwischen Geist und Gehirn bestellt ist, können auch die spitzfindigsten neurowissenschaftlichen Methoden und Theorien bis jetzt nicht klären. Woran liegt das? Im Gehirn ist kein Konvergenzzentrum, kein Beobachter auffindbar, den man intuitiv vermutet hätte. Dies wirft die Frage auf, wie die distributiv und parallel

[134] *Vgl. Krüger 2007, S. 73 f*

[135] *Vgl. Roth 2007, S. 182*

[136] *Wolfgang Detel: Forschungen über Hirn und Geist. In: Krüger, Hans-Peter (Hg.): Hirn als Subjekt? Berlin 2007, S. 130 f*

arbeitenden Areale miteinander verbunden werden, damit kohärentes Verhalten, in welcher Form auch immer, zustande kommt. Singer löst das Bindungsproblem über die Synchronisation diverser multipel einsetzbarer Nervenzellen. Über die iterative Anwendung auf sich selbst werden mittels Metarepräsentationen immer höhere kognitive Leistungen ermöglicht. Diese steigernde Komplexität führt letztlich auch zur Emergenz von Selbstbewusstsein. Bis zu diesem Punkt vertrat Singer eine schwache Form der Emergenz, die es ermöglichte alle emergierenden Phänomene auf die sie hervorbringende Ebene, falls nötig mittels geeigneter Brückengesetze, zu reduzieren. So z. B. beim Phasenübergang vom Toten zum Lebendigen. Den Perspektivenwechsel im Menschen zur Ersten-Person erklärt Singer als emergentes soziales bzw. kulturelles Produkt. Um den Sprung von der neurobiologischen Beschreibungsebene zu einer Kulturwissenschaftlichen zu schaffen, bedarf es geeigneter Brückengesetze. Da Singer aber auch der Auffassung ist, dass die neuen Qualitäten bzw. Phänomene nicht mehr reduktiv erklärt werden können und unter Umständen ganz anderen und eigenen, nicht mehr vorhersagbaren Gesetzen folgen, wechselt er implizit zu einer starken Formulierung der Emergenz. Dies setzt die Postulierung psycho(sozial)-physischer Gesetze voraus, die empirisch nicht verifizierbar sind und begrifflich an der Inkompatibilität des Mentalen scheitern. Da die psychische Beschreibungsebene andere logische Subjekte einsetzt als die Neurologische, kann keine lückenlose Kausalkette im Sinne strenger Naturgesetze aufgestellt werden. Es gibt keine Brückengesetze, die diese Kluft überwinden könnten. Aber noch viel problematischer ist, dass Singer selbst damit das Dogma der Geschlossenheit der physikalischen Welt verletzt und dem Determinismus widerspricht. Singer ist sich der begrifflichen Problematik bei der Reduktion der Qualia durchaus bewusst. Um aber dennoch die Innenansicht des Menschen auf die Dritte-Person-Perspektive rückführen zu können, macht er sich auf die unheilvolle Suche nach Metasprachen. Die Erklärungen Singers, wie das Gehirn kohärentes Verhalten erzeugt und warum Bewusstsein mit einem speziellen Erlebnis einhergeht sind wage Theorien, die in keinster Weise naturwissenschaftlich evident sind. Gerhard Roth tritt in seiner Argumentationsweise auf den ersten Blick weit aus weniger reduktionistisch auf als Singer. Er bekennt sich zum nicht reduktiven Physikalismus, weil er stets vor Augen hat, dass eine radikale Reduktion nur dann gerechtfertigt ist, wenn sich aus den neurologischen Determinanten auch alle mentalen Phänomene verlässlich vorhersagen lassen. Da dies mit den momentan vorhanden technischen und theoretischen Mitteln nicht der Fall ist, bleibt Roth vorsichtig. Er vertritt einen anomalen Monismus, da er geistig-bewusste Zustände für kausal wirksam hält, weil sie ganz besondere physikalische Zustände sind. Dies trifft aber nur auf diejenigen zu, die mit fokussierter Aufmerksamkeit behaftet sind. Alle anderen sind in letzter Konsequenz Epiphänomene, da sie kausal unwirksam sind und zeitlich auf die sie hervorbringenden neuronalen Korrelate folgen. Wie in Kapitel 2.4.1.2.1 beschrieben, laufen im anomalen Monismus aber eigentlich alle geistigen Zustände Gefahr zu Begleiterscheinungen zu verkommen, da sie ja als mentale Phänomene gar keine kausale Kraft besitzen. Die anomal monistische These, dass die mentale Ebene zumindest auf begrifflicher Basis nicht reduzierbar ist, findet sich auch bei Roth und ist mit der Überzeugung verträglich, dass geistige Phänomene physikalisch vollständig kausal determiniert sind. Dem widerspricht aber seine Auffassung über die Eigengesetzlichkeit des Mentalen, die einer starken Formulierung der Emergenz gleichkommt. In Folge dessen kollabiert, wie bei Singer, das geschlossene physikalisch-nomologische Fundament. Leider finden sich auch bei Roth sehr viele reduktive Aussagen, die eigentlich mit seiner Grundüberzeugung in Widerspruch stehen müssten. Nur für die Qualia hat er in letzter Instanz keine neurologisch sichere Begründung, weshalb er sich möglicherweise in die diversen Widersprüche verstrickt. Denn eigentlich will er wie Singer alles Mentale in irgendeiner Form auf das Neurologische zurück geführt wissen. Daraus resultiert, wie bei Singer, eine höchst inkonsistente Position.

Die Hirnforschung sieht sich im Grunde mit denselben Problemen, wie auch schon die materialistischen Positionen der Philosophie, konfrontiert und eine Lösung des Leib-Seele-Problems ist nicht in Sicht. Das reduktionistische Geistkonzept von Singer wird auf Grund der Unerklärbarkeit der Qualia aufgeweicht und führt letztlich in eine starke Formulierung der Emergenz, die dem Dualismus gleich kommt. Roths Position ist gleich in vielerlei Hinsicht angreifbar. Wie in dieser Arbeit ausgeführt wurde, ist der nicht reduktive Materialismus ein sehr schwer zu verteidigendes Unterfangen. Darüber hinaus widerspricht sich Roth an vielen Stellen diesbezüglich selbst, so dass er dem reduktiven Materialismus weit aus näher ist, als er zu sein glaubt. Dass er im Endeffekt auch eine starke Emergenz postuliert, zeigt wie schwierig es ist, alle geistigen Phänomene in ein einheitliches und konsistentes System zu bringen.

Summa Summarum ist man in der Leib-Seele-Debatte eigentlich keinen Schritt weiter gekommen. Denn so wie es aussieht, bleibt dem Hirnforscher auch nur die problematische Wahl zwischen Reduktionismus und Dualismus, deren Schwierigkeiten zu Genüge diskutiert wurden. Trotzdem setzen die Neurowissenschaften alles auf den technischen Fortschritt, der die Entschlüsselung aller seelischen Aktivität auf neuronaler Basis in geraumer Zeit erbringen soll. Ob dies gelingen wird, bleibt zumindest skeptisch abzuwarten.

Nun ist es aber nicht so, als gäbe es keine alternative Theorie, welche die angesprochenen Hindernisse und Komplikationen, die zur scheinbaren Unlösbarkeit des Leib-Seele-Problems führen, überwindet. Helmuth Plessner entwarf bereits in der ersten Hälfte des 20. Jahrhunderts das Konzept der „exzentrischen Positionalität", welches auf einem kompakten Menschenbegriff beruht und im Folgenden besprochen wird.

4 Plessners Stufen des Organischen und der Mensch

„Jede Zeit findet ihr erlösendes Wort. Die Terminologie des achtzehnten Jahrhunderts kulminiert im Begriff der Vernunft, die des neunzehnten im Begriff der Entwicklung, die gegenwärtige im Begriff des Lebens.“ (Plessner 1975, S. 3)

Wie man dem Zitat sehr schön entnehmen kann, sah Helmuth Plessner in der Philosophie Anfang des zwanzigsten Jahrhunderts einen Paradigmenwechsel von statten gehen. Ganz im Philosophieverständnis von Hegel fasste Plessner seine Zeit in Gedanken[137], welches seinen Höhepunkt in „Die Stufen des Organischen und der Mensch“ fand. Seine philosophische Anthropologie steht u. a. in einer Abgrenzung zu Heideggers Fundamental(existenzial)ontologie und Bergsons Lebensphilosophie, auf die in dieser Arbeit nicht weiter eingegangen werden kann. Der entscheidende Unterschied zu seinen Antagonisten ist, dass Plessner den Menschen- und Lebensbegriff im biologischen Sinne thematisiert. Plessners allgemeine Wissenschaft vom Menschen versucht die menschliche Existenz aus der Natur heraus zu rekonstruieren, nicht im Sinne eines biologischen Reduktionismus, sondern als nicht rückführbaren Anschluss an die organische Biologie. Die organische Natur stellt die unentbehrliche Basis dar, aus der sich die speziell menschliche Seinsweise entwickelt. Leben ist für Plessner ein unbegrenzt schöpferisches Potential und der Mensch ein lebendiger Organismus, der eigenständig Denken und Geist hervorbringt.[138] Der Mensch steht hierbei in der gleichen Linie mit allen anderen Organismen und nicht vertikal hierarchisch über ihnen. Er hebt sich lediglich in seiner höheren Stufe der Positionalität von Tieren und Pflanze ab. Plessner war sich damals bereits der enormen Schwierigkeiten bewusst, die mit den Alternativen materialistischer Reduktionismus und idealistischer Apriorismus einhergehen und letztlich das Leib-Seele-Problem erst hervorbringen. Darum wollte er um jeden Preis ein Abdriften in eine der Alternativen vermeiden.

---

[137] *Georg Wilhelm Friedrich Hegel: Grundlinien der Philosophie des Rechts. In: Moldenhauer, Eva / Michel, Karl Markus (Hg.): Werke. Frankfurt a. M. 1979. Band 7, Rz. 26*

[138] *https://skriptenforum.net/wiki/Skriptum:Einf%C3%BChrung_in_die_theoretische_Philosophie_%28Rhemann_Josef%29 (Stand 07.03.2010)*

„Die alte Alternative Empirismus-Apriorismus sah hier so aus: Entweder ist der Mensch mit allen seinen Eigenschaften, körperlich und geistig, das letzte Glied der organischen Entwicklung auf der Erde. Dann ist sein Bewußtsein, sein Gewissen, sein Intellekt, das Formensystem seines Geistes und damit seine Kultur ein Naturprodukt, das Resultat der Großhirnentwicklung, des aufrechten Ganges, [...]. Wie es zu diesem Resultat kommt und aus körperlichen Tatsachen geistige Dimensionen werden, bleibt allerdings ganz rätselhaft. Oder seine eigene Naturgeschichte in Verbindung mit der Geschichte der Organismen ist wie die ganze Natur eine Konstruktion des Menschen nach Maßgabe der apriorischen Grundformen seines Geistes und im Rahmen seines Bewußtseins. Wie freilich der schöpferische Geist [...] „in" einem Menschen, zu dieser Abhängigkeit von seiner physischen Existenz kommt, bleibt ebenso rätselhaft." (Plessner 1975, S. 5)

Plessner ist der Auffassung, dass sowohl der reduktive Materialismus, als auch der spekulative Apriorismus zum scheitern verurteilt sind. Nämlich der eine stolpert über die Tatsachen und Unerklärbarkeiten des Bewusstseins und der andere über die Wahrnehmung, die körperliche Abhängigkeit und die Naturgebundenheit des Menschen.[139] Die Entwicklung des Geistes aus neuronaler Aktivität heraus zu erklären, setzt bereits Kategorien voraus, deren Entstehen völlig unklar ist. Kant zu Folge sind sie dem Menschen a priori gegeben. Die Frage ist aber dann, wozu es in letzter Instanz überhaupt noch eines Körpers bedarf? Die Flucht in den Dualismus oder den Reduktionismus, für welche Seite auch immer, ist für Plessner keine Lösung.[140] Die Probleme, die hiermit verbunden sind, gilt es zu umgehen und zwar in der Weise, in der dem Menschen in seinem geistig-geschichtlichen bzw. kulturellen Dasein in der selben Weise Rechnung getragen wird, wie seiner biologischen Stellung in der Natur. Plessner fragt sich also, ob sich der physische und der seelisch/geistige Aspekt unter einer Perspektive bzw. einem Grundaspekt fassen lässt, so dass der Mensch seiner phänomenalen Erscheinung entsprechend als Ganzes, als Einheit begriffen werden kann, ohne in die Dualität von Naturwissenschaft und Geisteswissenschaft verfallen

---

[139] *Vgl. Helmuth Plessner: Die Stufen des Organischen und der Mensch. Berlin 1975, S. 4-5*

[140] *https://skriptenforum.net/wiki/Skriptum:Einf%C3%BChrung_in_die_theoretische_Philosophie_%28Rhemann_Josef%29 (Stand 07.03.2010)*

zu müssen. Diesen Grundaspekt stellt das Leben dar.[141] Der Mensch soll ohne ontologische Spekulationen aus der organischen Natur heraus entwickelt, aber nicht vollständig aus dieser erklärt werden.

4.1 Doppelaspekt

Ein zentraler Gedanke der Plessnerschen Überlegungen bildet die Doppelaspektivität. Diese zeigt sich aber nicht nur an den Lebewesen, sondern an allen wahrnehmbaren Dingen überhaupt. Plessner geht in phänomenologischer Manier von der anschaulichen Einheit jedes von sich aus erscheinenden Objektes aus. Er stellt fest, dass das phänomenale Ding von jeher als kernhaft strukturierte Einheit von Eigenschaften wahrgenommen wird. Phänomenal gegeben ist nicht ein Sammelsurium von Sinneseindrücken, sondern ein konkretes Ding. Die Eigenschaften stehen dabei in einem Abhängigkeitsverhältnis.[142]

„In diesem Gehabtsein (was hier gleichbedeutend ist mit Gestützt- und Getragensein) spricht sich die Abhängigkeit der Eigenschaft von der Kernsubstanz des Dinges, die Getragenheit im Unterschied zur Eigenständigkeit anschaulich aus." (Plessner 1975, S. 82)

Der substantielle Kern, die Mitte, ist demnach der Träger der Eigenschaften. Was aber von einem Ding in der aktuellen Erscheinung sinnlich feststellbar ist, kann immer nur ein Ausschnitt, eine mögliche Seite bzw. ein Aspekt des Dinges sein. Trotzdem nehmen wir das Ding als ganzes wahr, obwohl dieses nie sinnlich belegbar ist. Das ganze Ding kann überhaupt nie in der sinnlichen Anschauung gegeben sein.[143]

„Die reell präsentierte Seite impliziert nur das ganze Ding und erscheint ihm eingelagert, obwohl weder für das ganze Ding noch für die Art und Weise des Eingelagertseins ein sinnlicher Beleg beizubringen ist." (Plessner 1975, S. 82)

---

[141] *Vgl. Plessner 1975, S. 5-8*

[142] *Vgl. „Ebd.", S. 80-82*

[143] *Vgl. „Ebd.", S. 80-82*

Eine sinnlich wahrgenommene Eigenschaft bzw. Seite wird daher nie isoliert wahrgenommen, sondern immer in einem einheitlichen Komplex (Ganzen). Getragen wird dieses Ganze von einer substantiellen Mitte. Plessner nennt das vom Phänomen vollzogene Überschreiten seines eigenen sinnlichen Erscheinens Transgredienz, welche das Phänomen mitbestimmt und in zwei Richtungen stattfindet.

„[…]: die Transgredienz vom Phänomen „in" das Ding „hinein" und „um" das Ding „herum". Die erste Richtung zielt auf den substantiellen Kern des Dinges, die zweite Richtung zielt auf die möglichen anderen Dingseiten. Zum reellen Bilde gehört diese doppelte Blickführung, wenn es als gegenwärtiges Ding wahrgenommen werden soll, und erst in dieser doppelt gerichteten Blickgebung erscheint das räumlich sinnliche Phänomen als kernhaft geordnete Einheit von Seiten, als Ding." (Plessner 1975, S. 83)

Das Phänomen überschreitet gleich in doppelter Hinsicht seinen aktuell präsentierten sinnlichen Gehalt. Die sichtbaren Eigenschaften weisen einerseits von sich aus auf ihren Träger die niemals sichtbare Mitte (Innenaspekt) bzw. den substantiellen Kern hin und anderseits auf das Ganze, um das Ding herum (Außenaspekt), die im Moment auch nicht wahrnehmbar sind.[144] Dabei ist das Innen nur über sein Außen, besser gesagt im Außen, und das Außen nur dank seines Trägers, des Innen als sein Bezugspunkt erkennbar. Der Gegenstand zerbricht aber gerade nicht an dieser Innen-Außen-Divergenz eines nie Außen werdenden Innen bzw. nie Innen werdenden Außen, sondern diese konstituiert erst die dingliche Einheit. Die Aspektdifferenz zwischen Kern und eigenschaftstragenden Seiten ist abgehoben von der räumlichen Außen-Innenbeziehung und garantiert die Unüberführbarkeit ihrer divergenten Sphären ineinander.[145]

---

[144] *Vgl. Olivia Mitscherlich: Natur und Geschichte, Helmuth Plessners in sich gebrochene Lebensphilosophie. Berlin 2007, S. 83*

[145] *Vgl. Plessner 1975 S. 80-88*

„Für das räumliche Ding in der Wahrnehmung ist die Konvergenz aller seiner möglicherweise erscheinenden Seiten bzw. der den Seiten eingelagerten Eigenschaften auf den („zentralen") Kerngehalt der seiner Räumlichkeit entsprechende Ausdruck für den damit gefassten unräumlichen Sachverhalt." (Plessner 1975, S. 85)

Der Doppelaspekt bzw. die Transgredienzstruktur, das sich gegenseitige Bedingen von Außen und Innen tritt selbst nicht in Erscheinung, weshalb er erst in der philosophischen Überlegung frei gelegt wird. Der Doppelaspekt, als Vorbedingung der Dinghaftigkeit überhaupt, ist jedem physischen Körper eigen und ist in der Erscheinung selbst transgredient.[146]

„Der Doppelaspekt konstituiert das Anschauungsbilde des Dingkörpers, aber als echte Bedingung verliert er sich in dem von ihm Bedingten."(Pessner 1975, S. 89)

Die Unsinnlichkeit und Unräumlichkeit der Tiefen- und Seitenhaftigkeit als Grundbausteine des erscheinenden Dings zeigt die Sinnlosigkeit der reduktiv „entblätternden" Methode der Naturwissenschaften auf.[147]

Während ein unbelebtes Ding kraft des Doppelaspekts erscheint, wird der Doppelaspekt bei einem Lebewesen zu einer ihm angehörigen Eigenschaft und somit Gegenstand der Anschauung. Als Eigenschaft des Körpers tritt der Doppelaspekt zwar neben anderen Eigenschaften wie der Farbe oder dem Gewicht auf, ist diesen aber doch in gewisser Weise übergeordnet. In Anlehnung an die Auseinandersetzung zwischen Köhler und Driesch geht bei Plessner das Anorganische noch in seiner Gestalt auf, während man auf Grund des übergeordneten Eigenschaftscharakters der divergierenden Aspekte am Organischen nicht mehr mit der gestalthaften Ordnungsweise zu Rande kommt.[148]

---

[146] *Vgl. Plessner 1975, S. 80-89; vgl. Joachim Fischer: Exzentrische Positionalität. In: Deutsche Zeitschrift für Philosophie, 48. 2000, S. 272; vgl. Karin Köllner: Zu Helmuth Plessners Sozialtheorie. In: Krüger, Hans-Peter / Lindemann, Gesa (Hg.): Philosophische Anthropologie im 21. Jahrhundert. Berlin 2006, S. 281; vgl. Mitscherlich 2007, S. 84*

[147] *Vgl. Plessner 1975, S. 99-103*

[148] *Vgl. „Ebd.", S. 89-99*

„Aus dieser Forderung geht hervor, daß die organische Formgrenze als Gestalt einen übergestalthaften, mit Gestalt nicht erschöpfenden Charakter haben muß.“ (Plessner 1975, S. 102)

In Folge dessen reserviert Plessner für das Lebendige den Begriff der Ganzheit und die Eigenschaftsstellung der Doppelaspektivität wird zur Minimalbedingung von Lebendigkeit. Der substantielle Kern, als Träger aller möglichen Seiten und den Seiten eingelagerten Eigenschaften ist damit uneins mit der Zentralität, von der die lebensspezifischen Äußerungen abstammen.[149]

Die Doppelaspektivität als Eigenschaft des organischen Körpers offenbart sich in der speziellen Beziehung des Lebendigen zu seiner Grenze.

4.2 Grenze

Bei einem unbelebten reellen Körper ist die Grenze einfach der Rand an dem er anfängt bzw. aufhört, dort wo er an etwas anderes als sich selbst stößt. „Er ist soweit er reicht.“ (Plessner 1975, S. 129) Hingegen bei Belebtem ist die Grenze weitaus mehr als das Ende des Körpers. Plessner bezeichnet die Grenze eines lebendigen Organismus als eine richtungsneutrale raumlose Zone, in der die zwei nicht ineinander überführbaren Aspekte bzw. Richtungsdimensionen aufeinander treffen, von der sie ausgehen. Während die rein räumliche Grenze des unbelebten Gegenstandes noch ein von Innen nach Außen und umgekehrt Transformierbares beschreibt, wird die Grenze beim Lebendigen selbst zu einem Bestandteil des Organismus. Es handelt sich hierbei also nicht allein um eine räumliche Abgrenzung, sondern auch um eine Aspektgrenze, in welcher der Umschlag, beider nicht ineinander überführbaren Richtungsdimensionen von statten geht.[150] Die Doppelaspektivität bei einem lebendigen Körper zeigt sich als „eine erscheinende, anschauliche Grenze“. (Plessner 1975, S. 100). Die Grenze, Plessner spricht auch von der Grenzkontur, hat demnach für den

---

[149] *Vgl. Plessner 1975, S. 100*

[150] *Vgl. „Ebd.“, S. 99-103*

organischen Körper eine doppelte Funktion. Einerseits dient sie als Begrenzung, anderseits ist der Grenzübergang selbst eine ihm wesenhafte Eigenschaft.

„Als Raumgrenze ist er Ansatzzone einer nur relativen Richtungsdivergenz, während er als Eigenschaft (im Rahmen der absoluten Aspektdivergenz der Körperdinglichkeit) selbst eine Außenbestimmtheit darstellt." (Plessner 1975, S. 102)

Als Raumgrenze ist sie gegenständlich gegeben und als Aspektgrenze garantiert sie den nicht ineinander überführbaren Umschlag der beiden Richtungsdimensionen. Damit ist klar, dass alles Organische einen übergestalthaften Charakter aufweist. Dies ist möglich, da ein Lebewesen den Grenzübergang selbst vollzieht bzw. selbst dieser Übergang ist. Entscheidend ist in Folge dessen das Verhältnis des Körpers zu seiner Grenze. Das Sein des lebendigen Körpers gewinnt durch das Wesen der Grenzrealisierung Unabhängigkeit von anderem Seienden und hebt sich darin vom Anorganischen ab. Die eigenschaftstypische Doppelaspektivität bzw. das Realisieren der Grenze des Organischen impliziert Eigengegründetheit, Eigenaktivität, Selbständigkeit und andere dem Leben eigentümliche Wesensmerkmale.[151]

4.3 Leben

Leben zeichnet sich im Unterschied vom Toten insbesondere durch Selbsttätigkeit (Selbstveränderung, Selbstaufnahme, Selbstvermehrung,...) zur Selbstregulation und Selbsterhaltung aus. Organisches Dasein ist durch Eigenaktivität gekennzeichnet, da es sich selbstorganisierend aus sich selbst hervorbringt. Rein optisch macht sich Leben an spezifischen Formen der Bewegung, wie an gewissen Rhythmen, Plastizitätserscheinungen, Spontaneität oder Unregelmäßigkeiten erkenntlich. Wie die vorigen Absätze gezeigt haben, steht neben bzw. über allen Eigenschaften die Doppelaspektivität der irreduziblen Differenz von Außen und Innen, die sich im selbsttätigen Grenzvollzug zur zentralen Eigenschaft des Lebendigen erhebt. Alle diese Qualitäten des Lebendigen nennt Plessner Modale, die genauso wenig wie

[151] *Vgl. Plessner 1975, S. 102-105*

Qualitäten (auch Modale) des Anorganischen auf eine physische Basis zurückgeführt werden können.[152]

Für Plessners Kategorie „Leben“ ist aber noch besonders der positionale Charakter entscheidend, der in weiterer Folge herausgearbeitet wird.

4.4 Positionalität

Ist einem Körper die Grenze im Sinne von K <- K -> M (K= Körper, M= Medium) im Unterschied zu K <- Z -> M (Z= leeres virtuelles Zwischen) zu eigen, gehört sie dem Körper selbst an und steht somit ihm selbst und anderen entgegen. Durch diesen Wesenszug „lebt“ der Körper, „da ihn seine Grenzen nicht nur einschließen, sondern ebensosehr dem Medium gegenüber aufschließen (mit ihm in Verbindung setzen), über ihm hinaus.“ (Pessner 1975, S. 127) Zum Wesen der Grenzrealisierung gehört dieser von sich ausgehende qualitative Sprung als Übergehen sowohl über den Körper hinaus im Sinne einer Verbindung mit der Umgebung, als auch ihm entgegen. Wenn dieser Charakterzug des Lebens tatsächliche Realität sein will, muss er an den Konturen des Körpers manifestiert sein. Plessner zeigt, dass genau dieses spezielle Verhältnis des Körpers zu seiner Grenze nichts anderes ist, als der darin anschaulich gewordene Doppelaspekt.[153]

„Das Über ihm Hinaus und das ihm Entgegen – wie man deutlich erkennt, nichts anderes als die anschauliche Präzisierung der Doppelaspektivität erscheint (sinnentsprechend) als Randphänomen des physischen Systems.“ (Plessner 1975, S. 128).

Via Grenzrealisierung setzt sich der Organismus, der Doppelaspektivität entsprechend, außerhalb seiner und in sich hinein bzw. sich entgegen. Der lebende Körper wird im Grenzvollzug angehoben und dadurch setzbar. Das Setzbar-Sein nennt Plessner Positionalität und ist ein entscheidender Unterscheid zum Anorganischen.

---

[152] *Vgl. Plessner 1975, S. 111-118*

[153] *Vgl. „Ebd.“, S. 127 f*

„In den spezifischen Weisen „über ihm hinaus“ und „ihm entgegen“ wird der Körper von ihm abgehoben und zu ihm in Beziehung gebracht, strenger gesagt: ist der Körper außerhalb und innerhalb seiner.“ (Plessner 1975, S. 129)

Dem unbelebten Körper fehlt diese Distanz zu sich selber und somit hat er auch keine Selbst- bzw. Fremdbezüglichkeit. Nur ein Ding mit positionalem Charakter ist „für sich“ und in dieser Weise abgehoben von der Umgebung. Das Lebewesen stellt sich dem Feld aktiv gegenüber, welches wiederum auf es zurückwirkt. Organismen sind daher nicht nur raumerfüllend, sie sind vornehmlich raumbehauptend und stehen zu ihrem Sein in Beziehung. Die Positionalität des Organischen muss dynamisch aufgefasst werden, da Leben nur in Bewegung in Form eines Prozesses möglich ist.[154]

„Ein Ding positionalen Charakters kann nur sein, indem es wird; der Prozeß ist die Weise seines Seins.“ (Plessner 1975, S. 132)

4.5 Dynamische Realisierung des Lebens

Erst durch die Prozesshaftigkeit des Lebens sind die Lockerung, der Abstand und das Übergehen möglich. Dieses Übergehen darf aber nicht als alles auflösendes Werden verstanden sein, da ansonsten jede Begrenzung vernichtet werden würde. Im Wesen der Grenze liegt aber nicht nur das Übergehen, sondern auch etwas Fixierendes, etwas Stehen bzw. Verharrendes. Plessner (1975, S. 133) bestimmt daraus das Leben als Synthese von Übergehen und Stehen bzw. als „stehendes Übergehen, das Weiter als Halt, das Halt als Weiter.“ Lebewesen stehen im ewigen Prozess des Werdens zwischen doppelten Übergehen und Beharren. In der Veränderung, als echte Eigenschaft des Lebendigen, wird es etwas Anderes, was es vorher nicht war, wobei seine Identität beibehalten wird. Das immer identisch Bleibende nennt Plessner den Typus bzw. die Gestaltidee.[155]

---

[154] *Vgl. Plessner 1975, S. 129-132*

[155] *Vgl. „Ebd.“, S. 132-136*

„Deshalb ist organische Form wesensnotwendig Gestalt von einem bestimmten Typus, Ausprägung einer konkret in individueller Gestalt anschaubaren Formidee. Als solche ist sie dynamische Form, in der das körperliche Ding die Grenze an ihm verwirklicht.“ (Plessner 1975, S. 136)

Die Gestaltidee gibt den Rahmen vor, innerhalb dessen die physische Veränderung ohne Identitätsverlust von statten gehen kann. Nur in dieser Weise kann das Einzelding, als „Gestalt im Spielraum der Gestaltidee“ (Plessner 1975, S. 137), ein Individuum sein. Die gesamte organische Natur ist durch das Gesetz der Gestaltidee geprägt, als Verhältnis von Art zu Individuum. Ein Individuum kann im Rahmen der Gestaltidee seine Gestalt verändern bzw. sich im Prozess umgestalten. Die Umgestaltung ist bei den lebenden Körpern als Entwicklung zu verstehen. In der Entwicklung verändert sich die individuelle Gestalt, es wird etwas, was vorher wirklich noch nicht war und es geht über in das was es ist und vorher schon war, nämlich der Typus bzw. die Formidee bleibt ja bestehen.[156]

4.6 Statische Realisierung des Lebens

Positionalität, das gegensinnige Bezugsverhältnis von Organismus und Umgebung, fordert aber nicht nur die gerade angesprochenen dynamischen Komponenten der Grenzrealisierung des „über ihn hinaus gesetzt seins“, sprich den Außenaspekt, sondern auch die statische Realisierung des „in ihn hinein gesetzt seins“, den Innenaspekt. Und zwar nicht im doppelsinnigen Verständnis des Wesens der Grenze als Stehen und Übergehen, sondern als der zweiten Richtungsdimension der Doppelaspektivität.[157] Die Manifestation des Innenaspektes am lebendigen Körper ist nur unter einer Voraussetzung möglich:

„[...]: der Körper ist auf einen in ihm liegenden Zentralpunkt bezogen, der keine räumliche Stelle hat, wohl aber als Zentrum des umgrenzten Körpergebietes fungiert und damit das Körpergebiet zu einem System macht.“ (Plessner 1975, S. 158)

---

[156] *Vgl. Plessner 1975, S. 136-146*

[157] *Vgl. „Ebd.“, S. 157*

Dieser unräumliche Beziehungspunkt, das Zentrum bzw. die Mitte, tritt im hinein gesetzt sein dem Körper selbst gegenüber. In dieser Weise wird der Körper zu einem Gehabten, anders ausgedrückt, das systemische Lebewesen hat einen Körper mit den und den Elementen (Teilen). Im „Haben" eines Körpers steckt ein erstes primitives „Selbst", das aber noch nicht mit dem Bewusstseinssubjekt gleichgesetzt werden darf. Die zentrale Mitte ist die Positionierung des Lebewesens gegen seine Gestalt, als übersummenhafte Einheit der Teile. Im Organismus kommt es dem zu Folge zu einer Verdoppelung des synthetischen Zentrums. Zum substantiellen Kern tritt ein Selbst, zum tragenden Ganzen ein systemisches Ganzes. Das Kernselbst im Sinne eines Realsubjekts ist im Wesen der Doppelaspektivität eine wirkliche Eigenschaft des Lebewesens. Es geht in seiner Rolle als unräumliche Einheitsfunktion auf, die sich durch ihren Potenzcharakter in ihren mannigfaltigen räumlichen Teilen entfaltet.[158]

„In diesem Vermögen sind alle Elemente des Körpers gleichmäßig zur Einheit gebunden und als Einheit gewährleistet. Insofern das Vermögen die Einheit gegenüber den sie in Wirkeinheit bildenden Elementen gewährleistet, vertritt es die Einheit in jedem der durch sie verbundenen Elemente." (Plessner 1975, S. 162)

Plessner spricht diesbezüglich von einem harmonisch äquipotentiellen System.

4.7 Organ und Positionsfeld

Um dem Anspruch eines harmonisch abgestimmten äquipotentiellen Systems am realphysisch Lebendigen gerecht zu werden, müssen die Körperteile sowohl als Objekt, als auch als Subjekt der Vertretung erscheinen.[159] Im Organ findet Plessner dieses Mittel zur Selbstvertretung. In ihrer qualitativen Differenzierung setzen die Organe nicht nur den Körper zusammen, sondern „sie beziehen sich überdies auf ihn als Einheit, vermitteln seine Einheit in ihm selber und konstituieren damit eben jenes Ganze, von welchem sie als „Teile" loslösbar [...] sind."(Plessner 1975, S. 166). Or-

---

[158] *Vgl. Plessner 1975, S. 158-162*

[159] *Vgl. Mitscherlich 2007, S. 125*

gane sind nicht nur ein Gehabtes, sie haben auch einen Zweck in Bezug auf den ganzen Organismus, sie sind ein, besser gesagt, das Mittel zum Leben. Das Lebewesen hat also nicht nur Organe, es lebt erst mittels dieser Organe. Das Ganze des lebendigen Körpers ist durch die in allen Organen inhärente Übereinstimmung zum Ganzen stets vorhanden. Die Differenzierung bzw. Spezialisierung der Organe erfolgt in Harmonie bezogen auf das Zusammenwirken mit allen anderen Organen. Die Rücksicht auf den Wirkeinheitszusammenhang erlaubt das vorübergehende Abhandenkommen des dem Vermögen nach in jedem Teil vorhandenen Ganzen, welches durch die Ausdifferenzierung zum Organ indirekt auf vermittelte Weise erhalten bleibt. In der Selbstvermittlung zur Einheit des Ganzen verliert das Lebewesen seine unmittelbare Mittigkeit, obgleich er sie gerade, zwar in vermittelter Weise, durch seine Organe zurückgewinnt.[160]

„In seinen Organen geht der lebendige Körper aus ihm heraus und zu ihm zurück, sofern die Organe offen sind und einen Funktionskreis mit dem bilden, dem sie sich öffnen. Offen sind die Organe gegenüber dem Positionsfeld. So entsteht der Kreis des Lebens, dessen eine Hälfte vom Organismus, dessen andere vom Positionsfeld gebildet wird." (Plessner 19775, S. 192)

Erst durch die Aufgeschlossenheit und vermittels der Organe kann das Lebewesen den Kontakt zur Umgebung von sich aus herstellen, der über die gegensinnigen Prozesse der Assimilierung-Dissimilierung und Angepasstheit-Anpassung von statten geht, auf welche in dieser Arbeit nicht näher eingegangen werden kann. Die Offenheit gegenüber dem Positionsfeld geht mit einem Verlust der Selbstständigkeit einher, da sich der Organismus jetzt selbst in ein Ganzes eingliedern muss, welches die für ihn lebensnotwendigen Faktoren bereit stellt. Der Organismus kann nicht nur mehr ohne seine Organe leben, nein, gerade weil er Organe hat, kann er nicht mehr ohne die Umgebung leben. Insofern ist der Organismus daher ein Bedürftiger.[161]

---

[160] *Vgl. Plessner 1975, S. 162-171*

[161] *Vgl. „Ebd.", S. 192-196*

4.8 Zentrische Positionalität

Jedes mehrzellige Lebewesen steht im Konflikt zwischen Abgeschlossenheit als physischer Körper und Aufgeschlossenheit als Organismus. Diesen Konflikt kann das Lebendige auf zwei verschiedene Weisen ausgleichen. In offener oder in geschlossener Form.[162]

4.8.1 Offene Organisationsform

Der Ausgleich in offener Organisationsform liegt bei Pflanzen vor, welchen Plessner wie folgt beschreibt:

„Offen ist diejenige Form, welche den Organismus in allen seinen Lebensäußerungen unmittelbar seiner Umgebung eingliedert und ihn zum unselbständigen Abschnitt des ihm entsprechenden Lebenskreises macht." (Plessner 1975, S. 219)

Die Pflanze ist dezentralistisch positioniert, da ihrem Sein nicht die Notwendigkeit zur Bildung irgendwelcher Zentralorgane innewohnt, in Folge dessen auch die Individualität der einzelnen Pflanze nur der Erscheinung nach auftritt, jedoch nicht als konstitutives Moment. Die Pflanze ist positional nur Körper. Ihrer Form nach sind Pflanzen prinzipiell, mit Ausnahmen, ortsgebunden, absolut unempfindlich und handlungsunfähig. Wie man sieht ist die gegenseitige Beziehung zwischen Pflanze und Medium, im Unterschied zum Tier nicht durch die Positionalität bedingt.[163]

4.8.2 Geschlossene Organisationsform

Als geschlossene Organisationsform ist das Tier durch vermittelten Kontakt in die Umgebung integriert und ihr gegenüber, im Unterschied zur Pflanze, selbständig. Die Organisationsidee des Tieres basiert auf einem Zonenzerfall in Sensorik und Motorik, der durch ein Zentral- bzw. Repräsentationsorgan vermittelt ist. Damit hat sich phy-

---

[162] *Vgl. „Ebd.", S. 218 f*

[163] *Vgl. Plessner 1975, S. 218-226*

sisch gesehen der Körper verdoppelt. Er ist in sich selbst, im Zentralorgan, real vermittelt ein weiteres Mal vertreten.[164]

„Sein Körper ist sein Leib geworden, jene konkrete Mitte, dadurch das Lebenssubjekt mit dem Umfeld zusammenhängt." (Plessner 1975, S. 231)

In der geschlossenen Organisationsform ist der Körper des Organismus über die Vermittlung des Zentralorganes zu seinem Leib geworden. Der Körper hängt vom Zentralorgan als sein Leib ab. Die raumhafte Mitte, das Subjekt des Habens kann sich auf diese Weise vom Körper distanzieren und hat mit dem zentral beherrschten Leib das Mittel, mit dem er in antagonistischem Austausch passiven Erduldens und aktiver Gestaltung mit dem Umfeld steht. In seiner gewonnenen Selbständigkeit bewegt sich das empfindende Tier als rastloses, unerfülltes und getriebenes Wesen in seinem Lebenskreis von Ort zu Ort, frontal gegen die Umgebung gerichtet. Die Ausbildung des Zentralorganes positioniert das Tier als „Körper Seiendes" und als „Leib Habendes", welches der Einheit der Doppelaspektivität entspricht. Durch die Repräsentation des im Körper als Leib, ist die kernhafte Mitte nicht mehr nur ein Habendes Selbst, sondern auch ein rückbezügliches „Sich". Das Sein des Tieres wird somit auf eine höhere Existenzstufe gehoben. [165]

„In ihm von ihm abgehoben ist der geschlossene Organismus, das Tier, die Einheit des Wechsels der Aspekte, wie sie durch das Hier vermittelt wird." (Plessner 1975, S. 238).

Die Positionalität der Mitte geht aber nicht ausschließlich in der Raumhaftigkeit des Hier auf, sondern steht auch im Zeichen der Zeithaftigkeit. Als Individuum im Hier und Jetzt regiert das Tier sich selbst und dadurch sein Umfeld. Sowohl sein Körperleib als auch das Medium sind ihm gegenwärtig. Dieser Grad des Bewusstseins ist jedoch noch eingeschränkt. Die tierische Organisationsform geht noch vollständig im Vollzug des Hier und Jetzt auf, kann sich aber darüber nicht bewusst werden. Es kann keinen weiteren Rückschritt machen, der eine Beziehung zur positionalen Mitte

---

[164] *Vgl. „Ebd.", S. 226-231*

[165] *Vgl. Plessner 1975, S. 231-238*

erlauben würde. Sein selber Sein bleibt ihm unüberbrückbar verborgen, es erlebt sich nicht.[166]

„Das Tier lebt aus seiner Mitte heraus, in seine Mitte hinein, aber es lebt nicht als Mitte. [...], es bildet ein auf es selber rückbezügliches System, ein Sich, aber es erlebt nicht – sich.“ (Plessner 1975, S. 288)

Was die Reflexionsstufe betrifft, ist noch Platz nach oben da, die das Tier aber nie erreichen kann.

4.9 Exzentrische Positionalität

Während die Pflanze zwar ein positionales Moment aufweist, ist dieses beim Tier konstitutives Prinzip geworden. Spielt man den Gedanken weiter, ist ein Wesen denkbar, indem das Moment des Tieres wiederum als Prinzip gefasst eine höhere Stufe ergibt, wobei das Moment der niedrigeren Stufe nicht verloren geht sondern mitgeführt wird. Wird das reflexive Moment des Tieres zu einem konstituierenden Prinzip der Reflexivität ist eine höhere Stufe der Existenz, die menschliche, gewonnen. Die im Vollzug verstandene positionale Mitte ist von sich selbst abgerückt und sich somit selbst gegeben. Die reflexive Eigenschaft, gegeben durch die Repräsentation des Körpers mittels Zentralorgan, ist sich selbst gegeben, die Zentralität bewusst geworden. [167]

„Ist das Leben des Tieres zentrisch, so ist das Leben des Menschen, ohne die Zentrierung durchbrechen zu können, zugleich aus ihr heraus, exzentrisch. Exzentrizität ist die für den Menschen charakteristische Form seiner frontalen Gestelltheit gegen das Umfeld.“ (Plessner 1975, S. 291 f).

Die Daseinsweise des Menschen beruht nicht auf einer neuen Organisationsform, weshalb er tierischer Körper bleibt. Sie ist im Menschen nur bis an ihre äußerste

---

[166] *Vgl. „Ebd.“, S. 238-243; vgl. Mitscherlich 2007, S. 162-177*

[167] *Vgl. Plessner 1975, S. 288 ff*

Grenze getrieben, eine weitere Steigerung ist nicht möglich. Im Menschen ist sich das Leben selbst auf die Spur gekommen, es steht hinter sich, es weiß um seine Mitte, es erlebt sich als Mitte und „es erlebt sein Erleben" (Plessner 1975, S. 292). Der Mensch als Ich steht in voller Selbstreflexion und vollem Selbstbewusstsein.[168]

„Positional liegt ein Dreifaches vor: das Lebendige ist Körper, im Körper (als Innenleben der Seele) und außer dem Körper als Blickpunkt, von dem aus es beides ist. Ein Individuum, welches positional derart dreifach charakterisiert ist, heißt Person." (Plessner 1975, S. 293)

Der Mensch lebt im unüberwindbaren Doppelaspekt von Seele und Körper und als neutrale Einheit der Aspekte, als denkendes Ich, das selbst keinen selbständigen Bereich einnimmt. Die Einheit verbindet nicht und leitet auch nicht von einer Sphäre in die andere über. Die Einheit ist der Spalt, in der sich der Mensch erlebt.[169]

4.9.1 Außenwelt, Innenwelt, Mitwelt

Die Welt des Menschen drittelt sich entsprechend seiner Positionalität in Außenwelt, Innenwelt und Mitwelt, entsprechend den Dimensionen Körper, Seele und Geist.

4.9.1.1 Außenwelt

Die Außenwelt beschreibt Plessner als ein von Gegenständen erfülltes raumzeitliches Kontinuum und der Leere. In der Außenwelt steht der Mensch im radikalen Doppelaspekt von Körper und Leib. Als Körper ist er gleichgestellt mit allen anderen physischen Dingen irgendwo an einem Ort im Raum-Zeit-Kontinuum und unterliegt damit den allgemeinen Naturgesetzen. Als Leib nimmt er ein Hier und Jetzt ein, durch das ihm die raumhaften und zeithaften Bestimmungen wie z. B. Oben, Unten und Gestern bzw. Morgen gegeben sind. Für Plessner (1975, S. 294 f) sind beide

---

[168] *Vgl. „Ebd.", S. 290-293*

[169] *Vgl. Plessner 1975, S. 292*

Weltansichten notwendig, da Leib und Körper nicht zusammenfallen, „obwohl sie keine material von einander trennbaren Systeme, sondern Ein und Dasselbe“ sind.[170]

4.9.1.2 Innenwelt

Die Innenwelt, die Welt im Leib, eröffnet sich dem Menschen in der Distanz zu sich selbst. Gemäß der Natur der (exzentrischen) Positionalität besteht auch die Innenwelt aus einem Doppelaspekt, nämlich von Seele und Erlebnis. Während sich die Seele als „vorgegebene Wirklichkeit von Anlagen, die sich entwickelt und Gesetzen unterworfen ist“ (Plessner 1975, S. 296) darstellt, ist der Aspekt des Erlebnisses „die durchzumachende Wirklichkeit des eigenen Selbst im Hier und Jetzt“ (Plessner 1975, S. 296). Das Erlebnis steht für den Vollzug der psychischen Realität, wobei der Vollzug immer an die Anlagen, die Seele, geknüpft ist, da diese das Ausmaß ist, welche das Erlebnis mitbestimmt. Charakteristikum der Innenwelt ist die unvermeidbare Gebrochenheit mit sich selbst, welche sich in der radikalen Differenz und Zusammengehörigkeit von bewusst oder unbewusst waltender Seele und Erlebnisakt zeigt.[171]

4.9.1.3 Mitwelt

Die Exzentrizität der Person führt zu einer Unterscheidung von individuellem und allgemeinem Ich, welches der Person meistens nur im Zusammensein mit anderen Personen gewahr wird und zwar als Konjugation der Personalpronomina. Vom eigenen Ich zum gegenüberliegenden Ich kommt die Person nicht erst auf Grund eines Analogieschlusses oder einem Akt der Empathie, sondern durch die Struktur der eigenen Seinsweise. Die eigene Exzentrizität impliziert und gewährleistet die Mitwelt. Die Mitwelt besteht aus Personen und bildet im Unterschied zum Körper und zur Seele kein spezifisches neues Substrat.[172]

„Die Mitwelt umgibt nicht die Person, wie es [...] die Natur tut. Die Mitwelt erfüllt auch nicht die Person, wie es [...] von der Innenwelt gilt. Die Mitwelt trägt die Person, in-

---

[170] *Vgl. „Ebd.“, S. 293 ff; vgl. Mitscherlich 2007, S. 202 f*

[171] *Vgl. „Ebd.“, S. 295-299*

[172] *Vgl. Plessner, 1975, S. 300-303*

dem sie zugleich von ihr getragen und gebildet wird. Zwischen mir und mir, mir und dir, mir und ihm liegt die Sphäre des Geistes." (Plessner 1975, S. 303)

Das geistige Moment der Person steckt im sozialen Miteinander des eigenen Ich. Die Sphäre des Geistes entsteht durch die dem Menschen eigentümliche Exzentriertheit und ist in der Mitwelt realisiert. Die Realität der Mitwelt entsteht, sobald eine einzige Person existiert, da mit ihr die Bedingungen der Möglichkeit dieser Sphäre einhergehen. Auf diese Weise „ist sie das reine Wir oder Geist. Und nur so ist der Mensch Geist, hat er Geist" (Plessner 1975, S. 304). Die menschliche Positionsform ermöglicht die Sphäre Geist, in der wir als Personen stehen.[173]

4.9.2 Anthropologische Grundgesetze

Die eigentümliche Stellung des Menschen als Person im Zeichen der exzentrischen Positionalität muss sich auf eine gewisse Art und Weise in seiner Lebensführung wiederspiegeln. Plessner leitet daher drei Grundgesetzte aus der exzentrischen Positionalität ab, die im Folgenden in aller Kürze beschrieben werden. Das Gesetz der natürlichen Künstlichkeit geht von der Heimatlosigkeit des Menschen aus. Die Instinktsicherheit des Tieres ist im Menschen verloren gegangen und damit das natürliche Gleichgewicht. Dies muss er sich künstlich schaffen. Der Mensch ist gezwungen „sich zu dem, was er schon ist, zu machen" (Plessner 1975, S. 309). Aus seiner Bedürftigkeit schafft er sich Werkzeug zur Kultur, seinen Nachteil wendet er in einen Vorteil, in dem er die Natur sich passend macht.[174] Die künstlich geschaffene Heimat bzw. das künstliche Gleichgewicht, also Kultur, ist nichts endgültiges, der Mensch muss sich den Ausgleich fortlaufend erarbeiten. Um die Wirklichkeit der exzentrischen Positionalität aufzuweisen, greift Plessner auf die in allen Dimensionswelten vorhandene Struktur der vermittelten Unmittelbarkeit zurück. Diese gilt es an alltäglichen Wesensmerkmalen aufzuzeigen. Dafür dienen ihm die Merkmale der Wirklichkeitserfahrung und der Expressivität.[175] Macht das Gesetz der natürlichen Künstlich-

---

[173] *Vgl. „Ebd.", S. 303 f*

[174] *Vgl. Plessner, 1975 S. 309 ff*

[175] *Vgl. Mitscherlich 2007, S. 219*

keit den Menschen zu einem natürlichen Kulturwesen, ist er durch das Gesetz der vermittelten Unmittelbarkeit ein geschichtliches Wesen. Das dritte anthropologische Grundgesetz ist der utopische Standpunkt. Aus dem Charakteristikum der exzentrischen Positionalität, das einen abgehobenen, nicht mehr hintergehbaren und objektivierbaren Subjektpol impliziert, entspricht der Wunsch nach einem letzten Wahrheitsgrund, nach einem Definitivum. Dies findet sich beim Menschen in seinem Hang zur Religiosität und zur Gesellschaft.[176]

4.10 Kritische Würdigung

Ziel der Plessnerschen Überlegungen ist es den Menschen sowohl als naturgewachsenes bzw. biologisches, als auch kulturelles Wesen in einer Einheit darzustellen. Es gilt die Kluft zwischen Naturwissenschaft und Geistes- bzw. Kulturwissenschaft zu überbrücken, respektive gar keinen Spalt aufkommen zu lassen. Plessner will weder eine reduktive noch eine dualistische Auffassung des Menschen, da beide sein wahres Wesen verkennen. Hierbei setzt er beim Leben an, aus dem heraus er die typisch menschliche Seinsweise erarbeitet. Es stellt sich relativ rasch heraus, dass die „entblätternde", mathematische Methode der Naturwissenschaften nicht alleine im Stande ist Phänomene hinreichend zu erklären. Dies zeigt sich bereits bei der phänomenalen Betrachtung eines physischen Dings, welches durch den Doppelaspekt von Substanzkern und eigenschaftstragenden Seiten konstituiert wird.

„Substanz des Dinges ist nicht das, woraus es besteht. Besagt nicht in dem Sinne Inneres, wie [...] Sägemehl Inneres der Holzpuppe ist." (Plessner 1975, S. 86)

Von entscheidender Bedeutung ist hierbei die Betonung des unräumlichen Charakters dieser Aspektdifferenz. Die Doppelaspektivität, als zwei unüberführbare Richtungsdimensionen Ein und Desselben, gewinnt beim Organischen Eigenschaftscharakter und der Körper dadurch Leben. Das Lebendige erscheint nicht nur Kraft des Doppelaspektes, sondern existiert im Doppelaspekt der Selbstbesonderung in sich (organische Selbstbesonderung) und gegen anderes (individuelle Selbstbesonde-

---

[176] *Vgl. „Ebd.", S. 227*

rung).[177] Hiermit einhergehend ist das Lebewesen ein grenzrealisierender Organismus, der durch Eigenaktivität ausgezeichnet ist. Im Grenzvollzug steckt die Möglichkeit sich zu sich und der Umwelt zu positionieren und sich in Folge dessen in einem Prozess der Entwicklung eigenaktiv aus sich selbst hervorzubringen. Der Grad der Positionalität birgt den Unterschied zwischen den drei Stufen Pflanze, Tier und Mensch. Pflanzen als offene Organisation ohne Zentrum sind positional lediglich Körper, da ihr Verhältnis zur Umwelt nicht durch die Positionalität begründet ist. Den Tieren kommt durch die Bildung eines zentralen Repräsentationsorganes positional zum Körper sein, auch das im Körper sein als Innenleben der Seele hinzu.[178] Das Tier verfügt zwar wie der Mensch u. a. über Wahrnehmung, Empfindung und Ortsbewegung aber ein letzter Schritt, der Schritt hinter die Wahrnehmung ist ihm verwehrt. Erst auf der letzten Stufe der Positionalität, der exzentrischen, die allein dem Menschen vorbehalten ist, wird das Wahrnehmen selbst zum Wahrgenommenen. Der Mensch ist zur Selbstreflexion bzw. zum Selbstbewusstsein regelrecht gezwungen, welches durch das Ich als positionales Zentrum gestattet ist. Plessner betrachtet den Menschen primär als Lebewesen und das organische Leben lässt sich eben weder auf das Materielle allein reduzieren, noch ist die Annahme zweier voneinander wesensverschiedenen Substanzen von Nöten. Der Mensch ist Körper, er hat einen Körper und er ist über diesen hinaus als der neutrale Spalt, das Ich, von dem aus er beides ist.

Mit der exzentrischen Positionalität gehen alle humanspezifischen Leistungen einher. Während das Tier hauptsächlich Instinkt gesteuert ist, vollzieht sich beim Menschen ein Dominanzwechsel zur kognitiv-mentalen Organisation des Denkens und Handelns. Der Dominanzwechsel war auch notwendig, da der Mensch auf Grund seiner physischen Ausstattung in der Natur nicht überleben könnte. Aufgrund seiner Exzentrizität wird der Mensch zur Person, die ihm die drei Weltdimensionen Außenwelt, Innenwelt und Mitwelt eröffnet, in denen er seine humanspezifische Individualität entwickelt.[179] Die soziale Mitwelt setzt sich aus Personen zusammen und stellt die

---

[177] *Vgl. Mitscherlich 2007, S. 64 und 88 f*

[178] *Vgl. Plessner 1975, S. 293*

[179] https://skriptenforum.net/wiki/Skriptum:Einf%C3%BChrung_in_die_theoretische_Philosophie_%28Rhemann_Josef%29 (Stand 07.03.2010)

Sphäre des Geistes dar. Die Struktur der Person bedingt die Konjugation der Personalpronomina und konstituiert somit die Mitwelt, von der sie (die Person) gleichzeitig getragen wird. Geist ist die durch die exzentrische Positionalität geschaffene Sphäre und hat daher kein eigenes Substrat, ist aber in der Mitwelt realisiert.[180]

Die menschliche Seinsweise ist nur als Entwicklung im Zusammenspiel der drei Welten erfassbar. Der Entwicklungs- bzw. Prozesscharakter ist konstitutives Moment der exzentrischen Positionalität, welches sich auch darin zeigt, dass die vom Menschen notwendiger Weise geschaffene Kultur und seine künstlich geschaffene Heimat nichts Definitives sind. Auch die Freiheit des Einzelnen muss in einem lebenslangen Prozess erkämpft werden.[181] Mensch sein ist bei Plessner im heraklitschen Sinne als Mensch werden zu verstehen.

Kritisieren könnte man, dass Plessner den Dualismus um jeden Preis überwinden will, dies auch theoretisch schafft, aber trotzdem an einem Dual von Innen- und Außen-Aspekt festhält. Der aber wohl schwerwiegendste Einwand den man gegen Plessner einbringen kann, ist, dass er nur eine strukturtheoretische bzw. stufentheoretische Erklärung menschlichen Denkens liefert und die evolutionstheoretische Dimension außen vor gelassen hat. Denn wie der Sprung vom Toten zum Lebendigen, vom bloßen Ding zum grenzrealisierenden, selbstorganisierenden positionalen Lebewesen von statten geht, wird nicht gesagt. Piaget schließt hier an und versucht die Exzentrierungsleistung auch ontogenetisch zu rekonstruieren. Auch Tomasello setzt an dieser Stelle an, indem er den ontogenetischen Aspekt der Anthropogenese zur Ausbildung der humanspezifischen Kognitivität mit in seine Überlegungen einbezieht.[182]

---

[180] Vgl. Plessner 1975, S. 303 f

[181] https://skriptenforum.net/wiki/Skriptum:Einf%C3%BChrung_in_die_theoretische_Philosophie_%28Rhemann_Josef%29 (Stand 07.03.2010)

[182] „*Ebd.*"

5 Zusammenfassung und Beantwortung der Forschungsfrage

Im ersten Teil der Arbeit wurde das klassische Leib-Seele-Problem, unter Berücksichtigung der antiken Wurzeln, behandelt. So sehr unserer Intuition auch entsprechend, so problematisch erwies sich der Substanzdualismus von René Descartes. Als besonders schwierig stellt sich die Interaktion der beiden von einander unabhängigen Sphären dar, die Descartes in der Zirbeldrüse ortete. Die Interaktion würde die Verletzung der kausalen Geschlossenheit der physikalischen Welt bedeuten und damit das gut bestätigte Energieerhaltungsgesetz verletzen. Mit dem Aufstreben der Naturwissenschaften einhergehend, nahmen die materialistischen Positionen zu. Aber auch das Lager der Materialisten ist nicht homogen und ihre Ansätze lösen das Leib-Seele-Problem nicht mit letzter Konsequenz. Die reduktiven Materialisten scheitern an der multiplen Realisierung des Mentalen, der begrifflichen Inkompatibilität der Beschreibungsebenen und vor allem an der Unerklärbarkeit der Qualia. Denn wie es ist etwas zu erleben, kann aus der Materie allein nicht erklärt werden. In Konsequenz müsste man einen nicht reduktiven Materialismus oder Eigenschaftsdualismus annehmen. Aber auch diesen stehen gewichtige Argumente gegenüber, die eine Lösung des Leib-Seele-Problems erschweren. Wie in Kapitel 2.4.3 ausgeführt, verschärft sich die Problematik der Reduktion und der psychophysischen Relation eher, als dass sie behoben wird. Die Unlösbarkeit des Leib-Seele-Problems hat viele andere Disziplinen aufgefordert, sich an der Debatte zu beteiligen. Dabei spielt die Hirnforschung eine besondere Rolle. Singer versucht über eine schwache Auslegung der Emergenz, die mit dem Reduktionismus verträglich ist, sämtlicher mentaler Phänomene Herr zu werden. Spätestens beim Selbstbewusstsein sieht er sich aber gezwungen zu einer starken Formulierung der Emergenz zu wechseln, die selbst mit der Interaktion zwischen Geist und Gehirn zu kämpfen hat und die kausale Geschlossenheit der physikalischen Welt in Frage stellt. Nicht besser geht es Gerhard Roth, der nur angesichts der Qualia bekennender nicht reduktiver Materialist ist, sich jedoch in vielerlei Hinsicht selbst widerspricht. Letztlich unterliegt er den Gefahren des nicht reduktiven Materialismus, nämlich entweder in den Reduktionismus zurückzufallen oder in den unheilvollen Dualismus ausweichen zu müssen. All dies macht das Leib-Seele-Problem zu einem wirklichen Problem, ähnlich einem Teufelskreis, aus dem es keinen Ausweg gibt. Nun hat aber Helmuth Plessner mit seiner (exzentrischen) Positionalität des Lebendigen doch eine Möglichkeit aufgezeigt, wie man sowohl den Reduktionismus als auch den Dualismus umgehen kann. Plessner war bewusst, dass sich die Problematik nur in einem kompakten Menschenbegriff aufheben lässt. Fundamental ist hierbei, dass er den Menschen und seine Spezifika aus der Natur heraus, als ein an die organische Biologie anschließendes Lebewesen, rekonstruiert. Dabei zeigt er gleich zu Beginn seiner phänomenalen Erörterung der physischen Körper, dass die reduktiv „entblätternde“ Methode der Naturwissenschaften niemals das von uns wahrgenommene Ding allein zu erfassen vermag. Erst im Doppelaspekt von nicht materiell verstandenem substantiellen Kern und eigenschaftstragenden Seiten wird ein physischer Körper zum wahrgenommenen gegenständlichen Ding. Das Räumliche kann ohne das Raumhafte, also das Unräumliche, gar keinen Gegenstand konstituieren. In Folge dessen kann die Reduktion eines ganzen Gegenstandes auf materielle Teile niemals sein wahres Wesen hervorbringen. Mit der Grenzrealisierung bzw. dem Doppelaspekt als Eigenschaft, erlangt der zum Leben erwachte Körper den Charakter der Positionalitiät, der, in aufsteigender Stufe, den Menschen zu dem macht, was er ist: Ein exzentrisch positioniertes Wesen, welches sich im Ich als positionales Aktivitätszentrum ausdrückt und der Inbegriff von Selbstreflexion und Selbstbewusstsein ist. Der Mensch wird damit zur Person und als Person denkendes, vernünftiges Mitglied einer sozialen Mitwelt, in der und durch die er sich individualisiert. Das Wesen des Lebens und somit auch des Menschen ist es, sich eigenaktiv in der Gesellschaft aus sich selbst hervorzubringen. Hier und in weiteren Punkten gibt es Parallelen zu Aristoteles, der den Menschen auch als prozesshafte, selbstverursachende unteilbare Einheit von Körper und Seele verstand. Sowohl Aristoteles als auch Plessner konstatieren dem Menschen Freiheit. Aristoteles deshalb, weil der Mensch die Gründe für sein Handeln in sich selbst trägt. Auch im Denken von Kant und Habermas liegt hierin kein Widerspruch mit der kausalen Geschlossenheit der Welt. Demnach gibt es zwei Formen von Kausalität, eine aus Freiheit und eine aus der Natur. Da Plessner die Naturwissenschaft und ihre Gesetze als alleiniges Beschreibungssystem für unzulänglich erklärte, ist Freiheit trotz physikalischem Determinismus nicht kontradiktorisch ausgeschlossen. Der Mensch ist in seiner Naturgebundenheit determiniert und in seiner Exzentrizität zugleich indeterminiert. Der exzentrisch positionierte Organismus ist körperlich, seelisch und geistig zugleich, ohne dass zwei wesensverschiedene Substanzen angenommen werden müssten. Dank der Hirnforschung wissen wir heute, dass eine Steigerung der Selbstreferenz im Gehirn zu Metarepräsentationen führt, die das physische Pendant bzw. den physischen Aspekt zum exzentrischen, geistigen Ich darstellen könnten.[183] Insofern sind der Dualismus und der Reduktionismus wirklich im Lebewesen aufgehoben und daher stellt sich weder das Interaktionsproblem, noch die Qualia-Frage. Und genau das sind diejenigen Probleme, die in dieser Arbeit als die Knackpunkte in der Leib-Seele-Problematik herausgefiltert wurden. Wenn also die Lösung des Leib-Seele-Problems in der Umgehung dieser beiden Punkte, dem Interaktionsproblem einerseits und der Unerklärbarkeit der Qualia anderseits, liegt, ist mit Plessners exzentrisch positionierten Menschen ein ganzheitlicher Ausweg skizziert. Ganzheitlich deshalb, weil er den Menschen in seinen biologischen, psychischen, sozialen und geistigen Dimensionen gerecht wird, welches absolut mit unserer alltäglichen Lebenserfahrung korreliert. Ich möchte diese Arbeit mit einem, wie ich finde, sehr passenden Zitat von Plessner beschließen.

„Ich gehe mit meinem Bewusstsein spazieren, der Leib ist sein Träger, von dessen jeweiligem Standort der Ausschnitt und die Perspektive des Bewusstseins abhängen; und ich gehe in meinem Bewusstsein spazieren, und der eigene Leib mit seinen Standortveränderungen erscheint als Inhalt dieser Sphäre." (Plessner 1980-85, S. 242)

[183] *Vgl. Krüger 2007, S. 96*

Literatur- und Quellenverzeichnis

Literaturverzeichnis

Aristoteles: Nikomachische Ethik. Herausgegeben und übersetzt von Wolf, Ursula (2011): Nikomachische Ethik. Hamburg

Aristoteles: Physik. In: Zekl, Hans Günther (Hg.) (1987): Aristoteles´ Physik. Vorlesung über Natur 1. Hamburg

Aristoteles: Physik. In: Zekl, Hans Günther (Hg.) (1988): Aristoteles´ Physik. Vorlesung über Natur 2. Hamburg

Aristoteles: De anima. In: Ackrill, John L. (1985): Aristoteles. 1. Aufl., Berlin

Beckermann, A. (2008): *Das Leib-Seele-Problem.* 1. Aufl., Paderborn

Beckermann, A. (2000): Analytische Einführung in die Philosophie des Geistes. 2. Aufl., Berlin

Beckermann, A (1999): Das Leib-Seele-Problem. In: Sandkühler H.J. (Hrsg.): Enzyklopädie der Philosophie, Band 1. Hamburg

Berkeley, George (1710): Treatise Concerning the Principles of Human Knowledge. Dublin

Bieri, Peter (2007): Generelle Einführung. In: Bieri, Peter (Hg.): Analytische Philosophie des Geistes. 4. Aufl., Weinheim

Block, Ned (1980): Troubles with Functionalism. In: Block, Ned (Hg.): Readings in Philosophy of Psychology, Band 1. Harvard

Brüntrup, Godehard (2008): Das Leib-Seele-Problem. 3. Aufl., Stuttgart

Chalmers, David (2002): Consciousness and its Place in Nature. In: Chalmers, David (Hg.): Philosophy of Mind: Classical and Contemporary Readings. Oxford

Coreth, Emerich / Schöndorf, Harald (2008): Grundkurs Philosophie Band 8; Philosophie des 17. Und 18. Jahrhunderts. 4. Aufl., Stuttgart

Davidson, Donald (1980): Essays on Actions and Events. Oxford

Davidson, Donald (1980): Mental Events. In: Block, Ned (Hg.): Readings in Philosophy of Psychology, Band 1. Harvard

De Crescenzo, Luciano (1985): Geschichte der griechischen Philosophie, Die Vorsokratiker. Zürich

Descartes, René: Die Leidenschaften der Seele. Herausgegeben und übersetz von Hammacher, Klaus (1984). 1.Aufl., Hamburg

Du Bois-Reymond, Emil Heinrich (1898): Über die Grenzen des Naturerkennens. Leipzig

Ferber, Rafael (2003): Philosophische Grundbegriffe 2. Bremen

Habermas, Jürgen (2007): Freiheit und Determinismus. In: Krüger, Hans-Peter (Hg.): Hirn als Subjekt. Berlin

Hegel, Georg Wilhelm Friedrich: Grundlinien der Philosophie des Rechts. In: Moldenhauer, Eva / Michel, Karl Markus (Hg.) (1979): Werke. Frankfurt a. M.

Junker, Thomas (2004): Geschichte der Biologie. München

Kim, Jaegwon (2007): Der Mythos vom nicht-reduktionistischen Materialismus. In: Metzinger, Thomas (Hg.): Grundkurs Philosophie des Geistes. Band 2: Das Leib-Seele-Problem. Paderborn

Köllner, Karin (2006): Zu Helmuth Plessners Sozialtheorie. In: Krüger, Hans-Peter / Lindemann, Gesa (Hg.): Philosophische Anthropologie im 21. Jahrhundert. Berlin

Krüger, Hans-Peter (2007): Das Hirn im Kontext exzentrischer Positionierungen. In: Krüger, Hans-Peter (Hg.): Hirn als Subjekt? Berlin

Levine, Joseph (2001): Purple Haze – The Puzzle of Consciousness. Oxford

Lukrez: Von der Natur. Übersetzt und herausgegeben von Hermann Diels (1993). 2. Aufl., Düsseldorf/Zürich

McLaughlin, Brian (1995): Philosophy of mind. In: Audi, Robert (Hg.): The cambridge Dictionary of Philosophy. Cambridge

Metzinger, T. (2007): Grundkurs Philosophie des Geistes Band 2: Das Leib-Seele-Problem. Paderborn

Metzinger, T. (2006): Grundkurs Philosophie des Geistes, Band 1: Phänomenales Bewusstsein. Paderborn

Mitscherlich, Olivia (2007): Natur und Geschichte, Helmuth Plessners in sich gebrochene Lebensphilosophie. Berlin

Platon: Alkibiades I. Übersetzt von Schleiermacher, Friedrich. In: Wolf Ursula (Hg.) (2009): Platon. Sämtliche Werke, Band 1. 31. Aufl., Hamburg

Platon: Gorgias. Übersetzt von Schleiermacher, Friedrich. In: Wolf Ursula (Hg.) (2009): Platon. Sämtliche Werke, Band 1. 31. Aufl., Hamburg

Platon: Theaitetos. Übersetzt von Schleiermacher, Friedrich. In: Wolf, Ursula (Hg.) (2010): Platon. Sämtliche Werke, Band 3. 36. Aufl., Hamburg

Platon: Phaidon. In: Ebert, Theodor (Hg.) (2004): Platon Werke. 1. Aufl., Göttingen

Platon: Politeia. Übersetzt von Schleiermacher, Friedrich. In: Wolf, Ursula (2008) (Hg.): Platon. Sämtliche Werke, Band 2. Hamburg

Plessner, Helmuth (2009): Mit anderen Augen. Stuttgart

Plessner, Helmuth (1975): Die Stufend es Organischen und der Mensch. 3. Aufl., Berlin

Plessner, Helmuth: Lachen und Weinen. In: u. a. Dux, Günther (Hg.)(1980-85): Gesammelte Schriften, Band VII. Frankfurt am Main

Ricken, Friedo (1997): Philosophie. In: Nesselrath, Heinz-Günther (Hg.): Einleitung in die griechische Philologie. Leipzig

Ros, Arno (2007): Willensfreiheit, Urheberschaft und Zufall. In: Krüger, Hans-Peter (Hg.): Hirn als Subjekt? Berlin

Roth, Gerhard (2010): Wie Einzigartig ist der Mensch? Heidelberg

Roth, Gerhard (2007): Worüber dürfen Hirnforscher reden – und in welcher Weise. In: Krüger, Hans-Peter (Hg.): Hirn als Subjekt. Berlin

Roth, Gerhard (2007): Gehirn, Gründe und Ursachen. In: Krüger, Hans-Peter (Hg.): Hirn als Subjekt. Berlin

Roth, Gerhard (2003): Aus Sicht des Gehirns. Frankfurt

Schopenhauer, Arthur: Kleinere Schriften. In: Grossherzog Wilhelm Ernst Ausgabe. Brahn, Max (Hg.) (1920): Schopenhauers Werke, Band 3. Leipzig

Schwizer, Frank (2006): René Descartes. 1.Aufl., Wiesbaden

Singer, Wolf (2007): Selbsterfahrung und neurobiologische Fremdbeschreibung. In: Krüger, Hans-Peter (Hg.): Hirn als Subjekt. Berlin

Singer, Wolf (2007): Wann und warum erscheinen uns Entscheidungen als frei. In: Krüger, Hans-Peter (Hg.): Hirn als Subjekt. Berlin

Singer, Wolf (2002): Der Beobachter im Gehirn. Frankfurt

Stephan, Achim (2005): Emergente Eigenschaften. In: Krohs, Ulrich / Töpfer, Georg (Hg.): Philosophie der Biologie. 1. Aufl., Frankfurt

Zeitschriften

Beckermann, Ansgar (1996): Eigenschafts-Physikalismus. In: Zeitschrift für philosophische Forschung 50

Bleecken, Stefan (2007): Das ganzheitliche Weltbild des Aristoteles. In: Tabula Rasa. Zeitschrift für Gesellschaft und Kultur. Nr. 28

Churchland, Paul (1981): Eliminative materialism and the propositional attitudes. In: Journal of Philosophy. Volume 78(2)

Fischer, Joachim (2000): Exzentrische Positionalität. In: Deutsche Zeitschrift für Philosophie, 48

Jackson, Frank (1982): Epiphenomenal Qualia. In: Philosophical Quarterly, Volume 32

Libet, Benjamin (1985): Unconsciouscerebral initiative and the role of conscious will in voluntary action. In: Behavioral Brain Sciences 8

Nagel, Thomas (1974): What is it like tob e a bat? In: The Philosophical Review, LXXXIII

Internetquellen

https://skriptenforum.net/wiki/Skriptum:Einf%C3%BChrung_in_die_theoretische_Philosophie_%28Rhemann_Josef%29 (Stand 07.03.2010)

Anhang

Abstract

Dieses Buch stellt eine Abhandlung zum Leib-Seele-Problem dar, wobei es vordergründig darum geht die Lösungsschwierigkeiten der wichtigsten Ansätze herauszufiltern und diese in weiterer Folge der exzentrischen Positionalität von Plessner gegenüberzustellen. In einer historischen Dreiteilung wird dem Leib-Seele-Problem mit seinen Wurzeln in der Antike, in der klassischen Neuzeit und dem „modernen" Geist-Gehirn-Problem Rechnung getragen. Der Materialismus, in welcher Ausprägung auch immer, stellt im aktuellen Diskurs die dominierende Lehrmeinung dar, weshalb diesem besonderes Augenmerk geschenkt wird. Auf Grund der regen Beteiligung der Hirnforschung an der Leib-Seele-Debatte, werden die Positionen von Wolf Singer und Gerhard Roth mit in die Ausarbeitung einbezogen. Es zeigt sich, dass sowohl die reduktiv, als auch die nicht reduktiv materialistischen Lösungsansätze mit schwerwiegenden Einwänden konfrontiert sind. Scheitert der reduktive Materialismus spätestens an der Unerklärbarkeit der Qualia und dem Selbstbewusstsein, haben nichtreduktive Materialisten mit der Standhaftigkeit ihrer eigenen Position zu kämpfen. Denn entweder müssen sie den Rückzug in den Reduktionismus antreten oder sie verfallen in einen unheilvollen Dualismus. Konstatiert man einen Dualismus und hält an der Interaktion zwischen Körper und Geist fest, verletzt man die kausale Geschlossenheit der physikalischen Welt. Will man dem dualistischen Interaktionsproblem entkommen, bleibt einem nur übrig, zwei voneinander völlig getrennte und wesensverschiedene Bereiche bzw. Welten anzunehmen. Insofern scheint sich das Leib-Seele-Problem, ähnlich einem Teufelskreis, einer Lösung zu entziehen. Alternativ dazu entwickelte Plessner die Theorie der exzentrischen Positionalität, die den Menschen aus der organischen Natur heraus rekonstruiert. Im Leben selbst, welches körperlich und seelisch zugleich und in einem ist, findet Plessner einen Ausweg aus dem Reduktionismus und dem Substanzdualismus. Mit der Grenzrealisierung bzw. dem Doppelaspekt als Eigenschaft, erlangt der zum Leben erwachte Körper den Charakter der Positionalitiät, der, in aufsteigender Stufe, den Menschen zu dem macht, was er ist: Ein exzentrisch positioniertes Wesen, welches sich im Ich als positionales Aktivitätszentrum ausdrückt und der Inbegriff von Selbstreflexion und Selbstbewusstsein ist. Über das denkende Ich konstituiert sich die Sphäre des Geistes, die kein zusätzliches Substrat neben Körper und Seele darstellt, sondern als soziales Phänomen zu betrachten ist. Dank der Hirnforschung wissen wir heute, dass eine Steigerung der Selbstreferenz im Gehirn zu Metarepräsentationen führt, die das physische Pendant bzw. den physischen Aspekt zum exzentrischen, geistigen Ich darstellen könnten.